物联网新经济系列丛书

企业文化的逻辑

THE LOGIC OF
CORPORATE CULTURE

邵泽华·著

中国经济出版社
CHINA ECONOMIC PUBLISHING HOUSE

·北京·

图书在版编目（CIP）数据

企业文化的逻辑／邵泽华著．－－北京：中国经济出版社，2023.8

ISBN 978-7-5136-7402-7

Ⅰ．①企⋯ Ⅱ．①邵⋯ Ⅲ．①企业文化-研究 Ⅳ.①F270

中国国家版本馆 CIP 数据核字（2023）第 138129 号

责任编辑　贺　静
责任印制　马小宾
封面设计　任燕飞设计

出版发行	中国经济出版社
印 刷 者	北京富泰印刷有限责任公司
经 销 者	各地新华书店
开　　本	710mm×1000mm　1/16
印　　张	15.5
字　　数	198 千字
版　　次	2023 年 8 月第 1 版
印　　次	2023 年 8 月第 1 次
定　　价	98.00 元

广告经营许可证　京西工商广字第 8179 号

中国经济出版社 网址 www.economyph.com 社址 北京市东城区安定门外大街 58 号 邮编 100011
本版图书如存在印装质量问题，请与本社销售中心联系调换（联系电话：010-57512564）

版权所有　盗版必究（举报电话：010-57512600）
国家版权局反盗版举报中心（举报电话：12390）　服务热线：010-57512564

PREFACE 序

"文化自信"是习近平总书记提出的时代课题，是中华民族伟大复兴中国梦的根基与强大的精神动力。放眼古今中外，大至一个国家、一个民族的强盛，小至一个公司、一个团体的发展，都离不开文化源泉的滋养、文化脊梁的支撑和文化动力的保障。

发展生产、积累物质财富是企业组织的内在要务，但未必是其主要需求，更不一定是其文化核心。在复杂多变的市场环境中，企业常为生存和发展而疲于奔命，难以静下心来思考其源自内心的需求。一些企业误把任务和方法当作需求，混淆了其内心的追求及实现该追求的方式和方法；一些企业看重老板文化、员工文化或管理层文化，实则只抓住了文化的局部，忽略了企业文化是包含多个组成部分的有机整体这一全貌；一些企业误把口号、标语、Logo等当作企业文化的全部，实则只抓住了表现形式而忽略了其实质；一些企业自以为采取了"高尚"的方式来获取利润，却最终自觉其初衷不够纯洁，名实不符，心中有愧……

企业对于文化的理解不一而足，如若不能系统性地认识文化、建设文化，便难以充分发挥企业文化的作用。故本书旨在深入阐述企业文化的逻辑，洞察文化之要义，辨识企业之需求，分析需求之实现方式与方法，厘清文化之表现形式，以解企业之惑，助力企业在坚持内心需求和目标的基础上，选择社会所认可的多样的道路并且阔步前行。

中华优秀传统文化讲仁爱、守诚信、崇正义、尚和合、求大同，本书的需求分类秉承坚定文化自信的信念,将中华优秀传统文化的精神凝聚为"利公""利他"之要义。同时,本书关注企业最新动态,反映企业常见文化,故本书既展现了仁义文化、诚信文化、中庸文化等历久弥新的中华优秀文化,也展现了阿米巴经营文化、家族文化、羊性文化等被广泛接受的文化,以供众多读者研究讨论。

目录

第一章 企业文化概述 /1

    第一节 文化及其逻辑 /3

    第二节 企业文化 /7

第二章 企业文化体系结构 /9

    第一节 物理体系 /13

    第二节 信息体系 /18

    第三节 功能体系 /22

第三章 企业文化体系运行 /25

    第一节 企业文化物联网体系的整体运行 /28

    第二节 企业管理文化物联网的运行 /37

第四章 用户平台文化 /45

    第一节 用户平台需求 /47

    第二节 用户平台需求的实现方式 /52

    第三节 用户平台需求的实现方法 /61

    第四节 用户平台文化的表现形式 /65

第五章　管理平台文化 /71

第一节　管理平台需求 /73
第二节　管理平台需求的实现方式 /79
第三节　管理平台需求的实现方法 /81
第四节　管理平台文化的表现形式 /87

第六章　对象平台文化 /95

第一节　对象平台需求 /97
第二节　对象平台需求的实现方式 /102
第三节　对象平台需求的实现方法 /114
第四节　对象平台文化的表现形式 /120

第七章　服务平台与传感网络平台文化 /125

第一节　服务平台与传感网络平台需求 /127
第二节　服务平台与传感网络平台需求的实现方式 /129
第三节　服务平台与传感网络平台需求的实现方法 /130
第四节　服务平台与传感网络平台文化的表现形式 /134

第八章　企业吸收外部文化 /137

第一节　主导性吸收外部文化 /140
第二节　参与性吸收外部文化 /148

第九章　企业文化的对外传播 /155

第一节　主导性对外传播 /159
第二节　参与性对外传播 /164

第十章 常见的企业文化分析 /171

第一节 仁义文化分析 /173

第二节 诚信文化分析 /182

第三节 家族文化分析 /191

第四节 灰度文化分析 /198

第五节 阿米巴经营文化分析 /204

第六节 狼性文化分析 /211

第七节 羊性文化分析 /216

第八节 瞪羚文化分析 /220

第九节 中庸文化分析 /226

第十节 其他常见的企业文化分析 /229

跋 /237

第一章 企业文化概述

第一节 文化及其逻辑

一、文化

文化是人们的共同需求与实现需求的方式、方法及其文字化表现的总和。

"文化"一词可追溯至《周易》。《周易》有云:"刚柔交错,天文也;文明以止,人文也。观乎天文,以察时变,观乎人文以化成天下。""文"乃事物交错的纹路,是事物运行的轨迹,其中"天文"蕴含天道自然规律,"人文"则蕴含人伦社会规律;"化"乃其广泛的功用,是以文化能载道,能化成天下,能联通万物且化育众人。"文化"本身就蕴含了万物规律、互联互通之意。

物联网理论透视了文化的信息内核、物理载体和功能表现,完整呈现出文化的运行轨迹。文化是一个物联网,该文化物联网中的主导性需求是其信息内核,也是区别于其他文化的独特性之所在;该物联网的物理载体包含人、物、组织机构等,是对文化的群体基础、社会基础的反映,体现文化是一群人共有的精神活动及其产物,需借由一定的物理载体来承载其信息与功能;该物联网的功能表现为五个平台(包含用户平台、服务平台、管理平台、传感网络平台、对象平台）的不同作用，物联网各平台共同展现、贯彻和发扬文化。

二、需求

文化深深扎根于群体需求当中，与人的需求相生相伴。人是万物之灵长，具有天然的利公之心、利他之心、利己之心和物质需求①，"失道而后德，失德而后仁，失仁而后义，失义而后礼。夫礼者，忠信之薄而乱之首"②，人在达不到利公之道、德与仁时，退而求利他之义，更次者为在礼的规范下利己，最末者为纯粹追求物质，甚至不顾礼法。

人的需求极其复杂，多种需求可以并存，这些需求也能随着发展阶段和环境的变化而改变。在物质匮乏的远古时代，自然存在着真诚地为血缘至亲、为族群等考虑的一些个体，只是生存环境过于恶劣、生存资料过于短缺，人们的物质需求才显得更为迫切和突出。这种较为松散的群体之间，催生了以物质需求为主要需求的文化，其他文化居次要地位。在生存得到保障的情况下，人们对物质的追求便无法遮蔽熠熠生辉的人性光芒，无法掩盖对其他需求的渴求：人们渴望获得尊重、建立较为亲密的情感联系，并追求小群体乃至整个集体的幸福，因此想方设法地组织群体力量，以更有效的组织形式实现更大的目标和需求。人们正是在需求的主导下，将最初自动自发形成的集合体建设成氏族公社、部落联盟乃至民族国家，形成了组织化更强的、形式更多样的文化。

三、实现需求的方式、方法

人们用于实现需求的方式，联结着深层次的需求与可操作层次的方

---

① 本书将人的需求划分为利公、利他、利己、物质四种性质，每种性质下的需求都蕴含着丰富的具体内容。如道、德与仁等需求为利公类，称为"利公需求"；廉洁守法、舍己为人等需求为利他类，称为"利他需求"。

② 语见老子《道德经》三十八章。

法，是文化的重要组成部分。人们对需求实现方式的选择，蕴含着人们对需求的感知与控制、对实践形式的思考等方面，深刻反映文化对人们施加的作用以及人们对于文化的反作用。

在利公、利他、利己、物质这四种性质的实现方式之下，则是具体的方法。需求的实现方法是人们为了实现需求所采取的更具象的行为模式、技巧和手段等，是更微观的文化。

四、文字化表现

文化由群体需求推动形成，由深层至浅层包含需求文化、方式文化、方法文化三部分，并且各部分文化的存在紧密依托于文字化。文字是表现、记录、储存和交流社会信息的形式，是社会信息的图像、符号表现[①]。文字本身是文化的重要组成部分，同时又是一种工具，是可作用于其他事物的文化凝聚体。

"文字化"意为使自然或社会中的具体要素与文字相关联，使之具有意义、变得可存储和可传播的过程。常见的文字化表现有：

（1）语言。文字记录语言，语言经由文字化变得更具条理性并得到长久的传承，促进人们的思维精密化。

（2）文学、书法、音频。它们蕴含着大量的文字化表达——语言和文字，同时也是将"语言""文字"更加具象化的成果。

（3）音乐。"音乐是流淌着的文字"，将文字所载的心灵的声音和共鸣外显出来，是典型的听觉文化。表演听觉文化——如评书（又称说书、讲书、讲古）、唱歌等则是文化行为。

（4）建筑、雕塑、绘画、图形、舞蹈。前四者是固态的意象，舞蹈则是动态的意象，均为典型的视觉文化，在深层次上将图像或肢体语言的形

---

① 邵泽华. 物联网——站在世界之外看世界［M］. 北京：中国人民大学出版社，2017：18-19.

态之美与文字意涵相结合。

（5）小品、相声、戏剧、影视。将文字的表声系统与表意系统相结合，外加行为演绎，呈现出视听结合的成果。

此外，还有科学技术、哲学、仪式、习俗、图腾、思维方式、心理活动、教育活动等诸多文字化的表现形式。各种文字化表现形式与人们的深层思想活动相结合，呈现出一定的社会意义。

第二节 企业文化

在现代经济运行中，规模化生产能够有效提升生产效率和人们抵抗经济风险的能力，为人们提供实现社会价值的机会，从而更好地满足人们的利公需求、利他需求、利己需求和物质需求。一群有着共同的生存与发展需求的人，顺应时代的潮流与自身的选择，组建了"企业"这一社会经济文化组织，并在企业内形成集体文化。

企业文化是指在长期的经营活动中，企业全体员工和投资者的共同需求与满足这种共同需求的方式、方法及其文字化表现的总和。企业文化是社会发展的产物，是人们选择企业这一组织形式所产生的文化。企业文化不仅具有文化的共性特征，涵盖需求文化、方式文化和方法文化，还具有高度组织化的特性，其形成、运行与企业的组织特性密切关联。

企业文化以其宽延展性、高渗透性、广联结性形成一个网络，即"企业文化物联网"。企业文化体系的结构，遵循物联网的一般规律，包含物理体系、信息体系、功能体系三大体系：物理体系由企业中各个实体组成，涵盖企业文化运作所需的各类人员或组织机构；信息体系由物联网中所运行的需求信息集合而成，信息以闭环形式运行；功能体系由各平台以及整个物联网所表现出来的各种功能组成。

企业文化的运行，是整体性与各平台特性的统一：企业文化运行的整体性体现为各个平台、各个物理实体均受到企业组织文化的影响，其职业活动的开展需遵循企业文化；企业文化的局部运行特色体现为用户平台文化、管理平台文化、对象平台文化、服务平台文化和传感网络平台文化。

第二章 企业文化体系结构

企业兼具经济属性和文化属性，是两者的集合体。经济属性集中体现在企业是一个利益共同体，以盈利为基础进行社会化生产，承担价值创造、价值交换和价值分享的功能；文化属性集中体现在企业是一个责任共同体和命运共同体，是一群人所共同从事的事业，是一起抵抗风险、实现需求的集体，对企业内群体的互动、需求与目标的一致化等产生作用。

企业内的群体——投资者群体、管理群体、员工群体、关联方（如客户、合作方等）群体长期进行基于生产活动的互动，形成组织性较强的文化。投资者出资建立企业，将其需求传递给企业，开创企业文化的核心内容。其中一些投资者也成为企业的领导者，这些领导者的文化诉求对整个企业有着强大的示范和引领作用，形成企业文化的雏形。在企业成长、发展的过程中要引入或培养专业的管理人才、要组建专业的管理机构——企业管理主体，这一管理主体继承创始人、领导者的文化观念，并对这些观念进行梳理、提炼和推广，使其进一步演化、发展。全体员工则受到企业环境和氛围潜移默化的影响，形成向心力，并且不断创新和丰富其内涵，反过来推动企业文化走向成熟，使企业逐步壮大。同时，浓厚的企业文化不断向外辐射，与外部对象建立起文化联系，这些外部对象称为"文化关联方"（以便与经济上的关联方相区别）。文化关联方认同企业文化并自愿追随企业时，便进入了该企业文化的影响范围，参与到企业主导的文化物联网中。

该企业文化在企业的诞生、成长、壮大、衰退和死亡整个生命周期内不断运行，呈现出如图2-1所示的物联网结构。

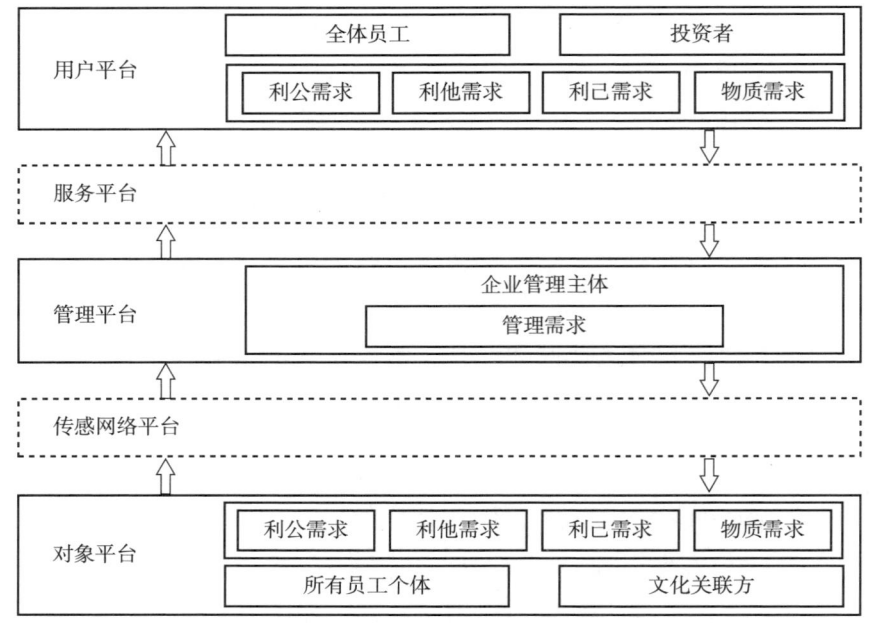

图2-1　企业文化物联网总体结构

企业文化物联网体系是物联网与企业文化互融的产物，遵循物联网的组建和运行规律，是需求信息在物理实体上运行并表现出各种文化功能的体系。该物联网的物理体系由五个物理层——用户层、服务层、管理层、传感网络层、对象层构成，信息体系由五域——用户域、服务域、管理域、传感网络域、对象域信息构成，功能体系由五平台——用户平台、服务平台、管理平台、传感网络平台、对象平台构成①。

---

① 邵泽华. 物联网——站在世界之外看世界［M］. 北京：中国人民大学出版社，2017：36-37.

第一节 物理体系

在企业文化物联网总体结构中，用户平台、管理平台、对象平台是主要平台，附属于用户平台的服务平台、附属于管理平台的传感网络平台则是次要平台。

一、用户平台的物理实体

在企业文化物联网中，用户平台由两个分平台构成，该平台上的物理实体分别为投资者和全体员工，其中全体员工所凝合的集体意志在与投资者的意志相调和后，也能够主导整个企业的文化方向。

（一）全体员工

文化必须依托一定的群众基础才能存在，故而具有群体性和影响性；文化的形成与演化又需历经时间的沉淀，故而文化也具有时代性。能够不断影响他人、为他人所接受和认同、不断有新鲜元素注入、不被时代抛弃的文化，才能持久保持活力。

企业文化的群体性、影响性、时代性在全体员工中得到了充分的体现。全体员工是企业组织中最庞大的群体，能够为企业文化的生长提供肥沃的土壤和坚实的基础；全体员工基于共同需求互动、遵循群体所认同的规范，能够最大限度地塑造和传播企业文化，使企业文化长盛不衰。因此，全体员工是企业文化物联网用户平台中重要的分平台，是企业文化的重要塑造者和使用者。

（二）投资者

在企业文化物联网中，投资者的意志举足轻重，也是用户平台中的分平台之一。

　　企业依托于一定的资本而存在，提供这一资本基础的正是投资者[①]。投资者包括股东[②]（以认购股份出资）、合伙人[③]、其他形式（以认购股份之外的方式出资）的出资人等。

　　股东和其他形式的出资人、合伙人都是企业的投资者，两者的区别在于：股东和其他形式的出资人可以只进行投资，而不一定参与公司的具体经营活动；合伙人投资企业时，与其他合伙人共同经营公司，既是投资者，又是管理主体。

　　投资者进行投资的时机、份额和目的都会对企业文化产生不同程度的影响。许多企业的最大投资者往往是企业创始人，这一类型的投资者也往往是企业核心意志的提出者、奠基者或引领者，能够决定企业文化的主旨和方向；而投资份额较小的投资者则对企业文化的作用较弱。出于并购目的而进行的投资，往往要求投资者做到"海纳百川"，既要感知被并购企业中成员的需求，也需按照自身规划的蓝图主导文化的建构，在这种情况下形成的企业文化通常比新创建企业的文化更复杂。

二、管理平台的物理实体——管理主体

　　管理平台上的物理实体为企业管理主体，包含多个层级。

　　企业文化管理主体层级划分的一般依据为参与企业工作的广度和深

---

　　① 投资者是指为企业投入资金的人员，以入股形式出资的成为企业的股东，还可通过企业内部投资协议约定的其他方式投资。投资人、公司股东不一定是老板：从公司收益的所有人角度而言，老板是股东；从公司的决策人角度而言，股东会或股东大会是老板；从公司日常事务的负责人角度而言，董事会、执行董事、经理是老板。

　　② 《中华人民共和国公司法》规定："有限责任公司的股东以其认缴的出资额为限对公司承担责任；股份有限公司的股东以其认购的股份为限对公司承担责任。公司股东依法享有资产收益、参与重大决策和选择管理者等权利。"

　　③ 《中华人民共和国合伙企业法》规定："合伙企业，是指自然人、法人和其他组织依照本法在中国境内设立的普通合伙企业和有限合伙企业。普通合伙企业由普通合伙人组成，合伙人对合伙企业债务承担无限连带责任。……有限合伙企业由普通合伙人和有限合伙人组成，普通合伙人对合伙企业债务承担无限连带责任，有限合伙人以其认缴的出资额为限对合伙企业债务承担责任。"

度，其决策对于企业发展的重要性和影响力，能够作用于他人的强制力和权威等。企业正是按照这些依据有计划地逐级建立权责体系、区分工作性质、明确工作内容，自上而下调动和协调人员。

以常见的股份有限公司的组织架构为例，企业中的管理层级可划分为股东大会、董事会、总经理、高层管理者、中层管理者、基层管理者、基层员工7类[1]人员或组织机构，统称为企业管理主体。其中，股东作为自然人个体，属于投资者，居于用户平台；由股东所组成的股东大会是组织机构，居于管理平台，是管理主体中的最高层级。基层员工承担简单事务管理或自我管理职能时，属于管理主体的一分子，居于管理平台；作为员工个体，居于对象平台。相较于作为管理平台，基层员工作为对象平台的功能属性更为突出。

企业管理主体在企业文化的传播上处于关键的中间环节，是企业文化的培育者、管理者、公开发布者或调整者。企业管理主体通过其管理职权使企业文化逐渐系统化、程序化和规范化，例如，制订文化规范、构建企业内的特有仪式、开展企业文化宣传贯彻工作等。

三、对象平台的物理实体

对象平台由两个分平台构成，该平台上的物理实体为所有员工个体和文化关联方。值得注意的是，"员工"作为全员集合时处于用户分平台，正如历史发展的总的合力是人民群众共同作用的结果，企业全员的意志才能驱动文化的建立与转向；"员工"作为个体时处于对象分平台，其需求的实现与职业行为等均受到企业文化的规范，并且从部分员工互动之中产生的对象平台文化从属于企业文化。

与员工个体不同，文化关联方处于企业架构之外，虽受企业文化的影

---

[1] 邵泽华. 物联网与企业管理[M]. 北京：中国经济出版社，2021：90.

响，但其文化的主体部分并不从属于企业文化。

(一) 员工个体

员工个体是构成企业的细胞，受企业文化的影响。通常情况下，企业中的员工个体和投资者界限分明，分别处于对象平台和用户平台。不过，部分员工通过购买股票、合伙等方式可以成为"投资者"，从而具有员工和投资者双重身份，在主要作为对象平台的同时兼有用户平台属性。

员工个体处于企业文化物联网对象平台的分平台，是文化的执行者、实践者和验证者。此外，员工个体也是文化的创新者和参与塑造者。员工个体对企业文化的塑造作用通常较为微弱，但由于其个体数量众多，常常能使企业文化更加个性化、多元化。"星星之火，可以燎原"，当员工个体因共同需求而聚集为"全体员工"时，便能以全员强劲的影响力塑造企业文化，甚至改变企业文化。

(二) 文化关联方

文化关联方是企业文化物联网对象平台的分平台，它们对企业文化的认可、信服与追随支撑其参与企业文化物联网体系。

优质的企业文化具有广泛的传播性，其传播形成涟漪效应。企业文化的扩散就似往湖里扔进一颗石子，使湖面荡起一层又一层涟漪，远近不同，大小也不同，在社会上产生或强或弱的影响，使世间万物在文化网络中发生普遍联系。所有愿意接受企业文化影响、参与企业文化物联网体系的一方均属于文化关联方，可以是个体、群体或组织，也可以存有经济关联或并无经济关联。牢固的经济关联往往会促使个体、群体或组织与企业发生文化联系，使彼此除作为业务上的盟友之外，也成为文化上的共同体或支持者。

四、服务平台与传感网络平台的物理实体

服务平台和传感网络平台上的物理实体，可根据实际需要进行变

换，可以是专职的通信职能人员，也可以与其上一平台的物理实体相同（即用户或管理主体亲自进行信息传递）。并且，服务平台和传感网络平台的需求、功能相近，均进行较为简单的信息传递工作，处于从属地位。

第二节 信息体系

一、需求信息

五个平台所承载的具体信息内容有所不同,从而彰显出不同的文化。

(一)用户平台的需求信息

用户平台的物理实体作为社会化的群体,常出于本心表达出一些同质的需求:秉持崇高的道德情操,由衷地关爱社会、无差别地善待他者、呵护自然生灵,最大限度地做出有利于自然和人类社会发展的贡献;虽然未达到大公无私的境界,也会基于一定的情感关爱或帮助特定的对象,做利他之事;致力于实现个人价值,获取财富、声望和权力,树立个人的自信和自尊;热衷于获取物质生活条件,使自己的物质生活得到满足。

人们的需求可划分为利公需求、利他需求、利己需求和物质需求四类,前三者为精神层面的需求,物质需求则纯粹聚焦于物质层面。

(1) 利益有大有小,对他人有益为"大利",谋"大利"方能营造和谐、友爱的氛围。"大利"之中亦有"利大公"(即"利公需求")与"利小公"(即"利他需求")之区别。"利公需求"是指无差别地关爱、惠及他人,对所有对象存有善意,包含对人与自然和谐生存与发展、对全人类社会的幸福之追求。

（2）"利他需求"是对特定对象给予关爱，以维护或增加他人的利益，包括关爱特定个人（即"利特定个人"）、关爱特定群体（即"利特定群体"）、关爱特定组织（即"利特定组织"）。

（3）相对于"大利"，为自身谋利则为"小利"，"小利"之中包含"虚利"（指向精神层面的恩惠及幸福，即"利己需求"）与"实利"（指物质利益，即"物质需求"）。"利己需求"是指对个人所向往的生活、对自身尊严的需求，其典型代表为对名、权、利的追求，其中"利"指向财富所带来的精神层面的益处。

（4）"物质需求"是指对拥有物质实体的追求，以追求财富为代表，包括享受依靠财富才能获得的衣、食、住、用、行等一应物品和实体资源，亦是物质层面的利己。由实入虚，由小及大，是人们在精神层面的提升。

通常情况下，多种需求信息可以同时存在，且其中一种需求信息处于主要地位，其他需求信息或处于次要地位，或处于边缘地位。

（二）管理平台的需求信息

不强调管理职能时，管理主体中的自然人个体是对象平台中的一员，与对象平台其他员工有着同类型需求。

在强调管理职能时，管理主体是组织化的人员或机构，仅具有职务所派生的需求。因此，管理平台所运行的信息为管理职务所派生的需求——管理需求。

（三）对象平台的需求信息

与用户平台相似，对象平台所运行的需求信息亦分为利公需求、利他需求、利己需求、物质需求四类，均为对象的原生性需求。这些需求既可能是对象平台参与企业文化物联网前自发产生的需求，也可能是参与企业文化物联网后，经由自身不断感知和接收其他平台的控制信息逐渐转变形成的需求，或者两者兼有。

（四）服务平台与传感网络平台的需求信息

服务平台、传感网络平台的需求信息与管理平台的需求信息在形成机制上相同。当企业员工作为具有服务或传感功能的物理实体时，是组织化的人员，可组成服务或传感机构。服务平台与传感网络平台仅具有职务所派生的需求，所运行的信息分别为服务需求和传感需求。这两类员工作为自然人个体时，与对象平台其他员工有着同类型的原生性需求，并且这些原生性需求在对象平台上运行。

二、需求信息的运行方式

文化的扩散是由文化源头向外辐射或由一个社会群体向另一群体散布的过程，通常呈现出辐射状和开放性，该扩散效果难以被衡量和评价。再者，文化的接收者可以对文化进行采纳或拒绝、批评或赞扬、修改或融合，从而导致文化在扩散过程中难以保持原貌。此外，文化基本上为单向传递，文化源头（文化的发出者）不一定能获得反馈。

企业需求信息的扩散也存在上述共性特征，尤其是对外传播时难以把控方向、难以保持原貌以及难以及时获得反馈。但需求信息在企业内部遵循物联网规律运行，其传输方向、传输效果等基本上能够得到控制。

在企业内部，信息运行以用户平台的需求和指令为主导，强化管理平台的作用，从而提升有效性和可控性，实现需求信息在企业内部高效运行。具体的信息运行包含大闭环（由用户平台直接控制）、小闭环（由服务平台、管理平台、传感网络平台或对象平台控制）和内闭环（各平台进行内部控制）三种形式。根据信息运行方向，需求信息可分为感知信息与控制信息两类：感知信息的传输方向从对象平台开始，经由传感网络平台、管理平台、服务平台传输至用户平台，根据所在平台的位置具体转化为对象感知信息、感知传感信息、感知管理信息、感知服务信息和用户感知信息;控制信息的传输方向则相反,从用户平台至对象平台,也需经过层层控制和转化,根据所在平台的位置具体转化为用户控制信息、控制服务信息、控制管理信息、控制传感信息、对象控制信息。

企业文化的健康发展除了需要在企业内部进行闭环式信息运行,还需要从外部吸收优质文化信息、向外部传播文化:当企业处于主导地位时,形成企业主导的关联文化物联网,如企业主办文化交流会或特大型文化强企进行文化输出所形成的物联网;当企业处于从属地位时,形成企业参与的关联文化物联网,如企业参与文化学习活动所形成的物联网、致力于兴国强国的民族企业参与民族文化所形成的物联网。

第三节 功能体系

一、平台职能

用户平台组建物联网（以下简称"组网"）是实现其需求的前提，为各种实现方式提供施展空间。物联网体系具有一定的完备性，才能满足各个平台的需求。

完成组网后，五个平台各司其职，均对企业文化物联网的运行发挥重要作用，共同促使该文化成为企业的灵魂、不竭的动力和精神源泉。

其中，用户平台主导企业文化的方向和运行规则，为其他平台提供资源，换取其他平台所提供的服务。用户平台借助一定的媒介和桥梁——服务平台，连接上管理平台，授权管理平台代表其对物联网进行管理。

管理平台紧密联系各个平台，不仅要感受和领悟用户平台所倡导的文化，更肩负着梳理、传递、建设和传承文化的任务，对企业文化的运转进行统一管理，使用户平台提出的文化信息从雏形走向成熟、由抽象的理念转变为系统的文化体系。同时，管理平台需平衡用户平台与对象平台之间的需求，使企业文化物联网和谐统一，并将企业文化贯彻落实到企业运作的方方面面。

对象平台接受管理，执行企业文化指令，感知和践行企业文化，促进用户平台需求的实现。

服务平台和传感网络平台在参与过程中辅助企业文化物联网运行良好，为其提供信息服务。

二、平台文化

基于企业内部各平台的独特性以及平台之间的关系，企业文化可具体划分出五个平台文化，其中用户平台文化、管理平台文化和对象平台文化较为典型。

用户平台文化，包括投资者文化、全体员工文化。由于企业全体员工代表企业中大多数人的利益与心声，全体员工所认同的文化奠定了企业的文化根基，投资者文化应与整个企业的文化在一定程度上保持一致。

管理平台文化是管理主体接受用户平台的领导和授权，同时表现出自身独特性的文化，如"企业决策层文化""高管层文化""基础管理层文化"等。

对象平台文化，主要指员工对象平台文化，如独特的"职工文化""工会文化"。每一个员工在尊重和维护企业整体文化的同时，也可以保持自身的文化需求。对象平台文化或与企业文化完全一致，或部分一致，也可能完全背离。当然，与企业整体文化方向完全背离的对象平台文化无法长期存在。

当某一平台对企业产生显著影响时，该平台文化可成为企业整体所彰显的文化。不过，用户平台文化主导、其他平台文化参与才是企业文化物联网运行的健康状态，在这一状态下，企业文化能够多元共生、和而不同，使企业保持旺盛的生命力和不竭的发展动力。

第三章 企业文化体系运行

成功组网是企业文化有效运行的前提。用户平台主导物联网的组建，其他平台参与到该物联网中，使文化得以在企业中生根发芽并得到贯彻落实。五平台基于各自的需求进入并构建物联网时一般存在以下4种情况：

（1）平台之间的需求层次相当，文化沟通顺畅。如其他平台的利公需求、利他需求、利己需求、物质需求分别与用户平台的利公需求、利他需求、利己需求、物质需求相契合，则各平台容易达成共识，追求一致目标，并为之作出共同努力。

（2）平台之间的需求层次相邻，文化诉求差异较小。组网完成后，经由管理平台的努力、文化信息的持续传递，该物联网的运行状况将会不断改善，各平台的需求逐渐趋于一致。如用户平台强调利公需求、对象平台非常重视利他需求，利他需求旨在"利小公"，与大公无私、无差别利他的"利大公"追求并无太大差别，因此对象平台在用户平台的感召下也能够较快提升认识、产生较高的一致性。

（3）平台之间的需求层次差异较大（即利公需求与利己需求之间、利他需求与物质需求之间），文化存在相对较小的隔阂。组网完成后，该物联网需要经历较长时间的信息交互，以使两种差异较大的文化之间能够交流，实现文化方面的互相理解和各自领悟，达到不妨碍物联网基本运行的状态。如用户平台以利他需求为主要需求、对象平台以物质需求为主要需求，二者的追求大不相同，容易各自朝着不同的方向努力，以致对象平台越来越不符合企业文化的调性和要求。不仅对象平台（尤其是员工个体）

与用户平台所需人才的标准相去甚远，其自身需求也不一定能在企业得到满足。

（4）平台之间的需求处于利公与物质两极分化的境地，文化存在巨大隔阂。两种文化之间的匹配性、可沟通性极低，阻碍组网；即便完成组网，该物联网所消耗的信息交互成本也非常高，运行不畅。

通常来说，平台的主要需求之间异质性越高，其组成的物联网运行阻力越大。有效运行的动力越小，越不利于企业的整体发展。而平台间的需求越接近时，组建的企业文化物联网向心力越强，越能为整个物联网的稳健运行打下坚实的基础。

不过，各平台的需求内涵丰富且复杂多变，经常存在某一时期以需求 a 为主、以其他需求为次，另一时期由于角色、阶段或心境等发生变化，又以需求 b 为主的情况。多种需求可以共存，其主次关系和重要程度又可以不断转换，这既增加了组网结果的多样性，也增大了企业文化物联网体系整体良好运行的难度，并且凸显了该体系中管理平台进行需求协调与平衡的重要作用。

第一节 企业文化物联网体系的整体运行

企业文化是企业这一组织的系统性文化，是由需求各异的诸多物理实体共同孕育而成的文化，兼具整体性和多样性。以物联网理论来解读，企业文化便是由若干个单体物联网或复合物联网共同构成的一个混合物联网，该体系的整体运行如图 3-1 所示，用户平台需求与对象平台需求的组合有多种可能性。用户平台基于其主导性需求——利公需求、利他需求、利己需求和物质需求中的一种或几种，以组网的方式进入企业文化物联网；其他平台则基于其参与性需求——同样可能是利公需求、利他需求、利己需求和物质需求中的一种或几种，以参网的方式进入该物联网，最终组成需求种类丰富、主次各异的企业文化物联网。

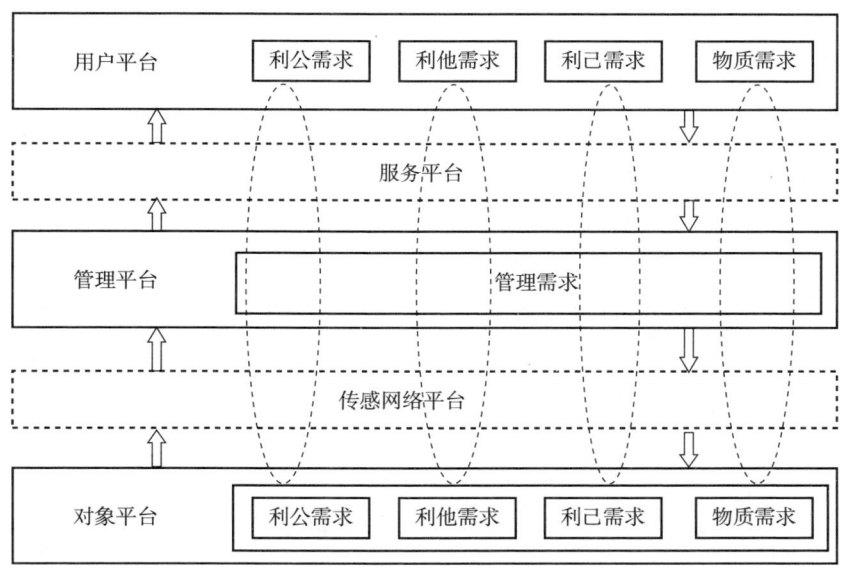

注：虚线圈表示平台之间具有组网的可能。

图 3-1　企业文化物联网体系的整体运行

在企业文化物联网体系中，各平台通常有一种主要需求和若干次要需求或边缘需求：各平台最强烈的内心追求便是其主要需求，这一需求决定其追求何种文化，把控文化前进的大方向；各平台割舍不下但又不如前者重要的内心追求便是其次要需求，再次者则是边缘需求。一般来说，各平台的主要需求未必一致。因此在各平台（尤其是用户平台和对象平台）需求差异较大时，企业的发展更需要各平台心往一处想、劲往一处使，这样需求之间的差异才能得以调和并缩小。

五平台之间协调、平衡各自的需求后，就产生了占主要地位的整体性需求，这一需求便是企业所追求的文化；同时，也产生了物联网所支持的、可供各平台选择的行动方式，这些行动方式便是其需求的实现方式。

平台的每种需求都有多种实现方式，并且多种实现方式能够主次分明地并存；其中，对需求的实现起关键作用的方式，成为主要实现方式；对需求的实现起一定作用的方式，成为次要实现方式；对需求的实现起微弱作用的方式，成为边缘实现方式。不过，需求有主次之分，主要需求的主要实现方式才是主网；主要需求的次要实现方式称为"主次网"，次要需求的主要实现方式称为"次主网"，次要需求的次要实现方式称为"次次网"，三者均为次网，并且重要性依次递减；主要需求、次要需求的边缘实现方式以及边缘需求的所有实现方式均为边缘网。

在图3-2所示的物联网体系中，利公需求是主要需求，利他需求是次要需求，利己需求和物质需求均为边缘需求。利公需求在主网、主次网和边缘网中运行，利他需求在次主网、次次网和边缘网中运行，利己需求和物质需求仅在边缘网中运行。

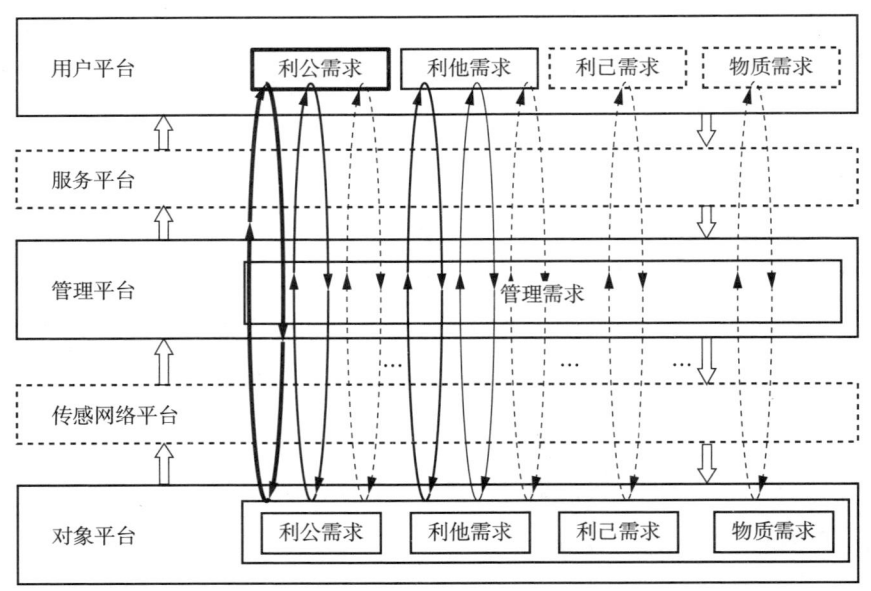

注：带箭头的圆圈表示完成组网后的运行，其中主网为粗线圈，主次网和次主网为次粗线圈，次次网为细线圈，边缘网为虚线圈（与不带箭头的虚线圈含义不同）。本书其他章节中线条粗细存在差异的图片，各线条释义同此。

图3-2　企业利公文化物联网体系的整体运行（以利公需求为主要需求）

在图3-3所示的物联网体系中,利他需求是主要需求,利公需求和利己需求是次要需求,物质需求为边缘需求。利他需求在主网、主次网和边缘网中运行,利公需求和利己需求在次主网、次次网和边缘网中运行,物质需求仅在边缘网中运行。

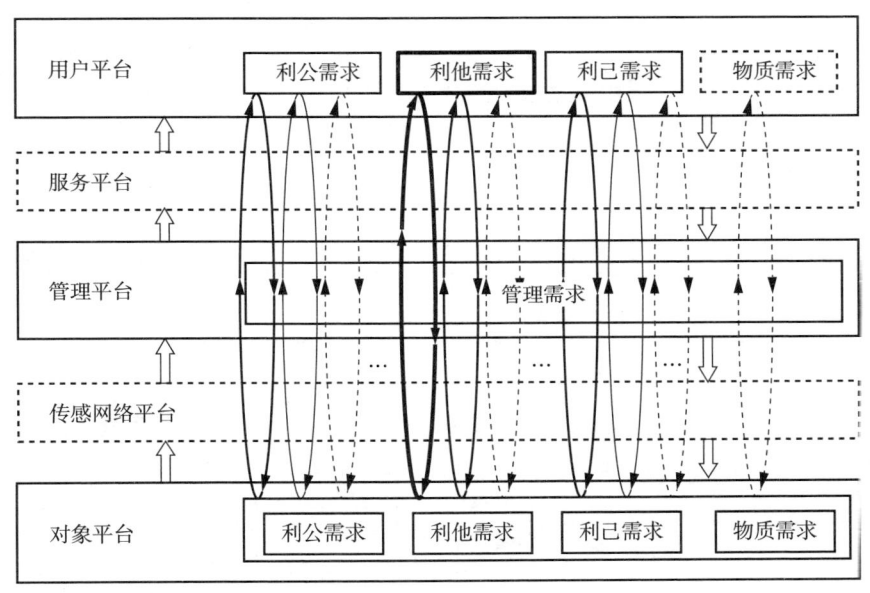

注:虚线图表示平台之间具有组网的可能。

图3-3 企业利他文化物联网体系的整体运行(以利他需求为主要需求)

在图3-4所示的物联网体系中,利己需求是主要需求,利他需求和物质需求是次要需求,利公需求为边缘需求。利己需求在主网、主次网和边缘网中运行,利他需求和物质需求在次主网、次次网和边缘网中运行,利公需求仅在边缘网中运行。

在图3-5所示的物联网体系中,物质需求是主要需求,利己需求是次要需求,利公需求和利他需求均为边缘需求。物质需求在主网、主次网和边缘网中运行,利己需求在次主网、次次网和边缘网中运行,利公需求和利他需求仅在边缘网中运行。

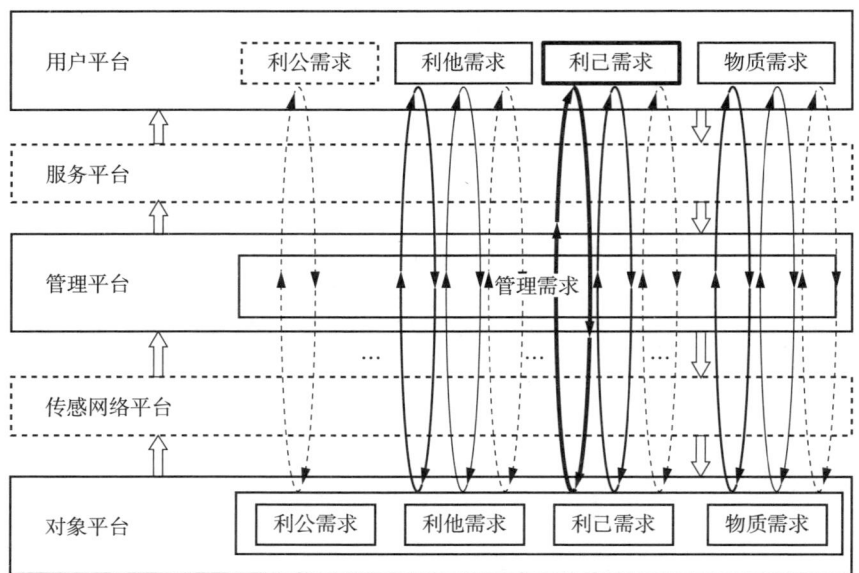

注：虚线图表示平台之间具有组网的可能。

图 3-4　企业利己文化物联网体系的整体运行（以利己需求为主要需求）

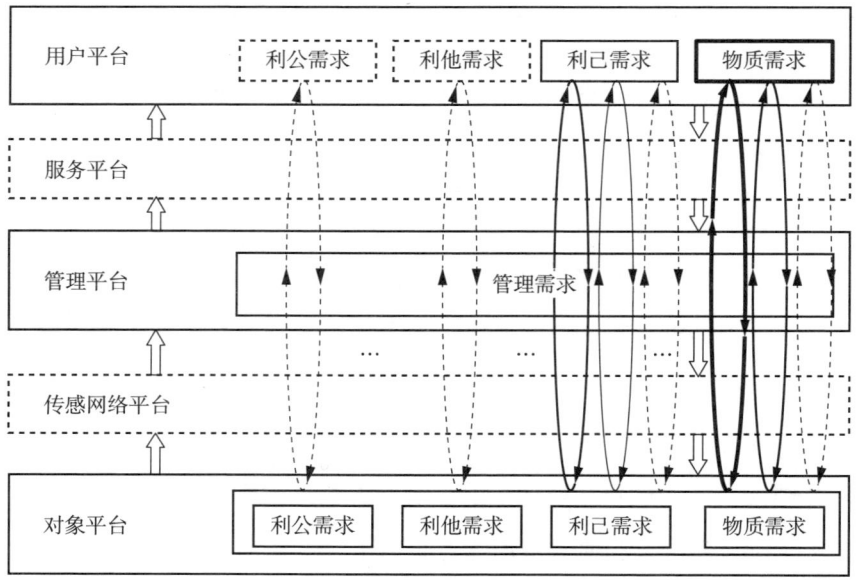

注：虚线图表示平台之间具有组网的可能。

图 3-5　企业物质文化物联网体系的整体运行（以物质需求为主要需求）

在企业文化物联网体系中，主网、次网以及边缘网的运行均遵循用户平台主导、管理平台统合、其余三个平台参与的原则，需求感知信息与文化指令控制信息交互，形成闭环。

一、感知信息的运行

在企业文化物联网组建完成后，其信息运行由对象平台发出感知信息开始。对象平台自主感知外界信息，体悟企业文化氛围。企业文化以精神层面为主，是相对内在的、隐含的，必须依托一定形式才能显现出来，便于感知。

企业文化的文字化表现形式包括文字、语言、音频、音乐、建筑、雕塑、绘画、图形、科学技术、仪式、习俗、思维方式等。这些表现形式通常可划分为四个层面，且各层面紧密联系。

（1）实体层面，包括企业建筑、文化设施、文化标识、象征物、其他环境因素等具体且可观察到的部分。

（2）行动层面，包括文化活动、文化仪式、员工日常行为表现、企业家风范、言论发表等。

（3）制度层面（由于企业是高度组织化的机构，制度层面的文化对企业而言非常重要），包括规章制度、组织结构、行为规范守则、工作流程、受控程序等可对企业文化的效力进行约定和巩固的办事规程与准则。

（4）理念层面，包括愿景、目标、使命、价值观、职业精神、理想、对企业的认同度与归属感等触及内心深处的内容。人们的理念层面深深扎根于其需求，是企业文化中至关重要的表现形式，通常由企业的核心力量——用户平台决定。

对象平台的感知是实时、较为具体细致且多方面的：通常更容易接收到实体层面、行动层面和制度层面的企业文化信息，例如，对于企业文化相关制度、仪式、规范、员工制服、行为举止等信息的感知；不容易接收到较为抽象的、理念层面的企业文化信息。对象平台根据自身的实际需求、能力等对信息作出理解和判断，生成该平台的感知信息（对象感知信息）。

管理平台经由传感网络平台接收到传输来的感知信息，并在此基础上分析广大员工对象的需求构成，如对用户平台需求的理解是否准确，其需求与用户平台的需求之间能否匹配良好，是否存在一致性或对抗性等。管理平台在对感知信息进行筛选、分类和分级处理后，生成感知管理信息，并有选择性地将信息经由服务平台传输至用户平台，以便为用户平台了解企业成员的思想文化动态提供信息基础，从而促成对象平台与用户平台统一思想。

用户平台基于接收到的信息生成用户感知信息，此外还需对不太容易作出理解、判断的感知信息或者关于企业重大事项的信息进行决策，完成用户感知信息到用户控制信息的转化。对于能够较容易作出理解、判断、决策的信息，用户平台可根据理解和判断的难易程度分别对服务平台、管理平台、传感网络平台和对象平台授权，允许这些平台采用无须用户平台直接参与的"小闭环"信息运行方式。

二、控制信息的运行

在企业文化物联网中，用户平台是感知信息最终到达的功能平台，也是完整的物联网信息运行路径（即"大闭环"信息运行方式）中生成控制信息的功能平台。用户感知信息在平台内部完成转换，进行用户平台的"内闭环"信息运行。

企业文化体系的核心内容是用户控制信息的重要组成部分，包含但不限于以下内容：

（1）企业的整体需求，涉及企业的精神、目标、价值观体系、定位等，核心在于回答这是一个什么样的企业（即企业的"世界观""认识论"等）。

（2）需求的实现方式，涉及企业的平衡哲学、发展战略、作风、经营思维方式等，核心是回答如何成为上述所希望的企业（即企业的"方法论"），如企业能否接受对象平台的需求层次较低而用户平台的需求层次较高（或正好相反），其实现需求的方式是否合乎法律、道德或伦理，更注重社会效益还是经济效益，倾向于人本还是物本[①]，以及如何平衡平台之间不同的文化需求等。

（3）需求的实现方法，是对实现方式的具体化，核心在于回答成为上述所希望企业的具体步骤、流程或技能技巧是怎样的（即"方法论"之下的具体方法），如扩大宣传、精益管理等方法。

在其他平台容易偏离企业文化的核心内涵、需要用户平台对企业文化加以把控时，用户便经由平台内闭环信息运行方式生成用户控制信息；用户控制信息经由服务平台、管理平台和传感网络平台传输至对象平台，由对象平台执行控制指令，这样一组感知与控制信息闭环便完成了。

大闭环信息运行方式（即企业文化物联网中的感知信息和控制信息的运行路径在对象平台和用户平台首尾相接，形成完整的信息运行闭环）是企业文化物联网最基本的信息运行方式，其余信息闭环均是在特定的条件和场景下产生的、旨在提高企业文化物联网运行效率的信息运行方式。无论企业文化物联网采取何种信息运行方式，都需要在用户平台主导（或授权）下，以代表最广大企业成员的意志为导向，推动对象为用户提供服务，践行企业文化，执行文化指令。

在企业文化物联网中，五平台间的感知信息与控制信息传输形成闭环，各种层次的需求信息不断交互。这一运行机制，能够充分发挥文化的熏陶作用，运载较高层次需求信息的平台以其文化感染力、带动性，促进

---

① "人本"是指把人当作根本，当作一切活动的出发点和最高要义；而"物本"一般是指把外在的一切（包括人）当作物品看待的一种思想和原则，如工作中把任务当作根本，重视事务的完成而忽略其他方面。

运载较低层次需求信息的平台提升企业文化层次，共铸企业文化的先进性。此外，这一运行机制有助于文化在企业内深入扎根，广泛凝聚力量，巩固企业架构的稳定性。即便平台上的物理实体发生变更，通常也无须重新组网，只需继续遵循用户平台制定的运行规则，企业文化物联网便能继续运转，从而有效避免新投资者资本对企业文化与管理的不当渗透，避免领导者一变更就需要重新创建企业文化、管理人员一变动就导致企业文化管理工作停摆等问题的产生。

第二节 企业管理文化物联网的运行

企业是兼具文化属性与经济属性的组织，其经济运行与文化运行相辅相成。在企业文化物联网中，处处可彰显文化的普遍规律和特性，同时蕴含着经济元素及支撑起运作的管理架构等。如管理平台肩负平衡企业文化与经济的重要任务，文化是其核心，其运行首先遵循企业文化物联网的规律；同时，经济管理是其基础，其运行也遵循企业内部经济物联网的基本原则。管理平台的内网（"内部网络"的简称）在五平台中最为复杂，企业内部经济物联网与文化物联网的物理实体在管理平台上部分重叠、信息交互并行，管理域也成为文化规律与经济规律交互最为频繁、联系最为紧密的信息域。

企业内部经济物联网，基于企业开展行政活动、职能活动、业务活动以及员工的自主活动等经济活动而形成，包含行政物联网、职能物联网、授权业务物联网、关联业务物联网、自组物联网5类子物联网。其中，行政物联网类似于企业的层次结构，即企业纵向的管理层级；职能物联网类似于企业的职能结构，基于企业经营所需的职能以及各职能间的比例、相互关系而形成；授权业务物联网和关联业务物联网则与部门结构类似，通常表现为企业在横向上的部门设置；自组物联网是员工为维护企业利益而自主进行的活动所组成的物联网。①

企业行政、职能、业务（包括授权业务和关联业务）、自组物联网与企业文化属性相结合，形成行政管理文化物联网、职能管理文化物联网、业务文化物联网、自组文化物联网，并进一步构成"企业管理文化物联网"。该物联网的运行情况如图3-6所示。

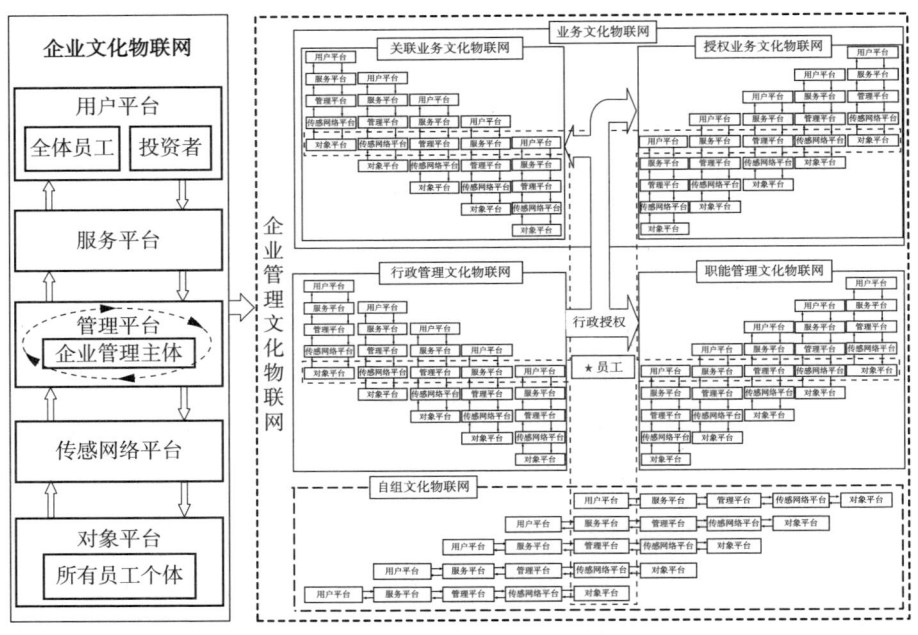

图3-6　企业管理文化物联网的运行（企业文化物联网管理平台内网的运行）

在企业管理文化物联网体系中，行政管理文化物联网将企业文化的日常运作分配到各个行政层级人员，行政层级人员对企业文化相关事宜具有分级执行权力和解释权力，可以面向企业全体采取行政措施并开展服务，是企业相关制度的重要践行者。职能管理文化物联网承担企业文化建设这一系统工程的主体责任，以其专业性促进企业文化的形成、壮大、转化、推广和应用，引领企业文化的日常运作和建设，以解决各自为政、文化管

---

① 邵泽华. 物联网与企业管理［M］. 北京：中国经济出版社，2021：71-72.

理专业性欠缺的问题。业务文化物联网旨在增强业务部门的文化柔性力量、增进部门间工作的协调性，将文化融于业务中，使二者相互促进、共同升华，如文化与销售、文化与生产、文化与研究业务的互融互通。自组文化物联网依赖成员的责任感、对企业的认同感、文化自觉性等进行运作，是能够自主践行企业文化、对企业文化进行灵活补充的弹性力量。

5 类企业管理文化子物联网以文化运行为体，以经济管理为用，协调运行。下面阐述对企业经济和文化发展具有重要意义的行政管理文化物联网和职能管理文化物联网。

一、企业文化的行政管理逻辑

企业行政管理文化物联网的运行情况如图 3-7 所示。企业行政管理文化物联网严格按照组织程序，明晰股东大会、董事会、总经理、高层管理者、中层管理者、基层管理者、基层员工 7 类管理主体的职责、权力和利益。

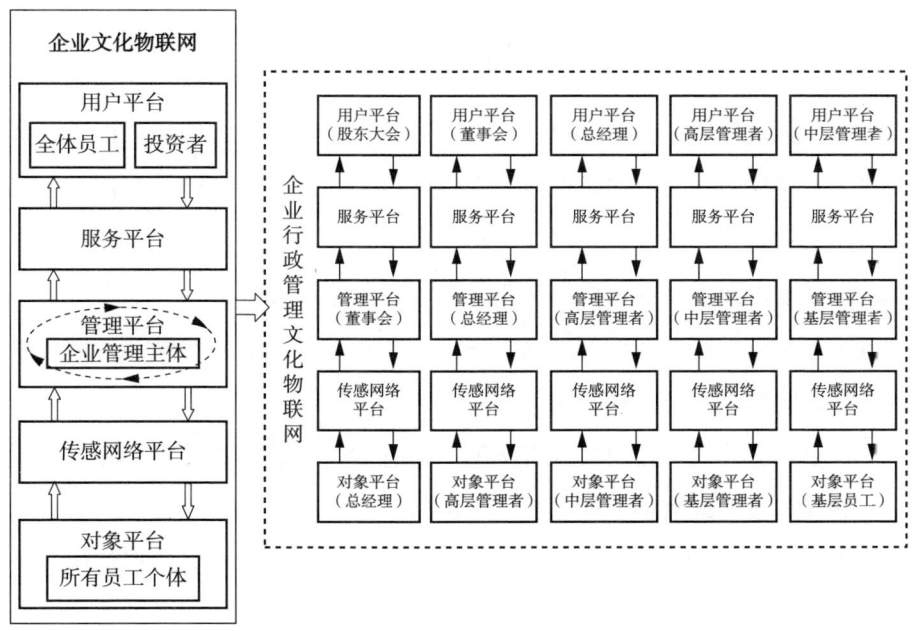

图 3-7　企业行政管理文化物联网的运行

(一) 企业行政管理文化物联网逐级授权

企业行政管理文化物联网，由一条授权主线贯穿始终，用户平台或由用户平台主导的企业运行规则（如组织架构、规章制度、行政程序等）授予 7 类管理主体不同的权限，形成包含 5 个运行层级的总体行政结构：企业行政管理文化物联网一级网，是股东大会—董事会—总经理之间的运行闭环；企业行政管理文化物联网二级网，是董事会—总经理—高层管理者之间的运行闭环；企业行政管理文化物联网三级网，是总经理—高层管理者—中层管理者之间的运行闭环；企业行政管理文化物联网四级网，是高层管理者—中层管理者—基层管理者之间的运行闭环；企业行政管理文化物联网五级网，是中层管理者—基层管理者—基层员工之间的运行闭环。

企业将管理职责层层下放至五级企业行政管理文化物联网，达到管理主体各在其位、各司其职、各负其责的效果。

(二) 企业行政管理文化物联网中信息的特点

企业行政管理文化物联网，不仅蕴含着企业各个层级的权威性、控制力以及被授权的程度，同时也通过文化吸引力、影响力、感染力使各个层级自愿追随企业、追求共同目标。企业行政管理文化物联网致力于帮助企业构建制度性顶层设计并巩固企业文化，凝聚企业成员的共同需求，提炼并运用企业成员在满足需求过程中产生的方式、方法等智慧结晶，解决企业成长和发展中的动力机制问题。

企业行政管理文化物联网将制度、情感、职务等信息要素相融合，不只是展现行政层级信息。逐级授权是保障企业行政管理文化物联网实现目的的手段而非目的本身，其目的是通过有序管理所有参与企业文化的成员，促进企业文化的繁荣发展。因此，该物联网须注重综合考虑管理主体中各层级成员的需求，强调人本而非物本，强调成员需求的同质性和精神上的平等性，在一定程度上淡化以层级和角色相区分的等级意识，将制度纽带、情感纽带、职务纽带融于一体，创造一种高效率和人性化相结合的环境。

（三）企业行政管理文化物联网运行

企业行政管理文化物联网中运行的信息，是基于文化目的而发出的行政内容（感知信息是行政汇报信息，控制信息则是行政指令信息），其作用客体为所有参与企业文化的成员。

企业行政管理文化物联网采用信息闭环运行方式，能够使行政汇报信息上传及时、行政指令信息控制有效，从而提高企业的行政管理效率。

此外，文化一旦形成，便作为一种独立存在的客观力量影响着人的思维方式和价值观念，作用于人的工作表现、言行举止等各个方面。企业行政管理文化物联网注重以文化需求的相通推动指令的畅通，每一次信息交互都是文化需求的碰撞。下级对工作指令的执行，在很大程度上与上级领导的威信相关联。上下级之间文化需求一致，能够使彼此加深理解，从而使下级明白其工作目标与上级领导一致，更愿意配合上级领导的安排并完成工作。所有行政管理客体达至心理认同、知行合一，更容易做到令行禁止。

二、企业文化的职能管理逻辑

企业职能管理文化物联网的运行情况如图 3-8 所示。企业职能管理文化物联网在功能上与企业行政管理文化物联网相辅相成，依托合理且高效的职能分布，协调发挥职能机构 1、职能机构 2 至职能机构 n 之间的专业领域管理才能，系统性地统筹企业文化中的职责管理与效能管理工作，使企业文化管理工作更专业、更高效。

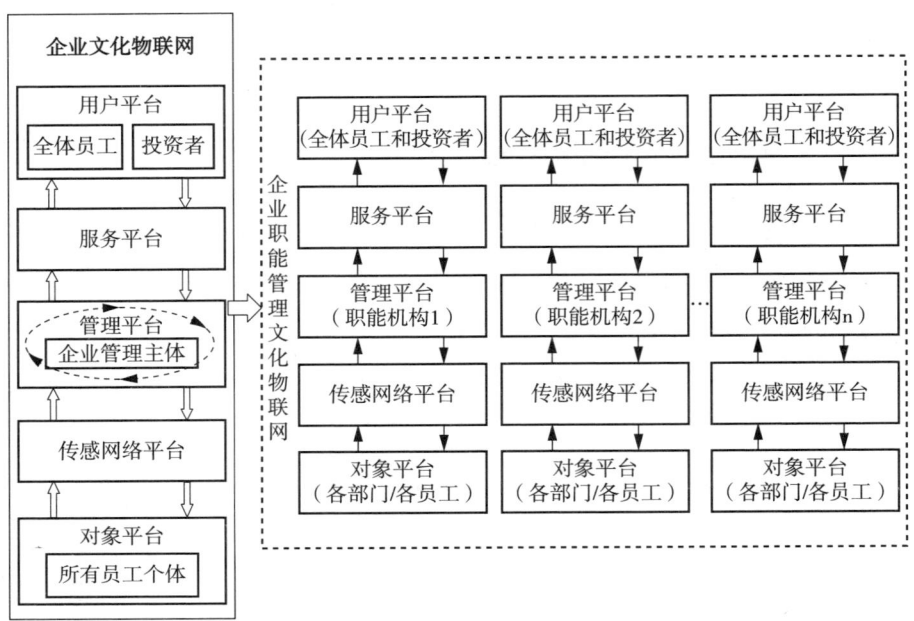

图 3-8　企业职能管理文化物联网的运行

(一) 企业职能管理文化物联网横向专业化分工

在企业职能管理文化物联网中，用户平台依然由企业全体成员构成；管理平台是各个文化职能管理机构，文化职能管理机构可以是职能管理部门或专职的职能管理人员；对象平台是所有员工个体的两种形态——个体形态以及部门团体形态。文化职能管理机构依据用户平台的授权，可以按需对所有员工或全体部门实施管理，具有垂直管理的特点。

企业职能管理文化物联网充分利用管理主体不同的技能和知识，安排管理主体在其专业领域组织开展不同的文化管理活动，体现出横向的专业化分工特点。

(二) 企业职能管理文化物联网中信息的特点

企业职能管理文化物联网中运行的信息，紧密围绕职能领域，其中管理平台的信息因具备专业性与用户平台的授权，而对对象平台产生权威指导性。职能机构1、职能机构2至职能机构n分别擅长职能1、职能2至职能n领域，通过其所擅长领域中的专业知识、专业方法等，指导每位员工/每个部门提升技能，从而达到相应领域的要求，不断提高对企业文化的认知和应用能力。如职能机构1为人力资源部门，职能机构2为企划部门，职能机构3为工会，则3个部门分别从人员素质、人员的企划宣传能力、个人的综合福利提升方面作用于企业文化的建设。

企业文化最重要的载体是人，对人的管理是企业职能管理文化物联网中的重要组成部分。以职能机构1是人员管理职能机构（如人力资源部）为例，该企业职能管理文化物联网中所运行的信息是紧密围绕人与企业文化关系的各种信息，包括各个平台如何获取相关方面的专业知识、如何储备和提升开展相关方面工作的专业技能、如何妥善处理人与企业文化的关系等。职能机构1在其职能范围内，向对象平台发布蕴含上述内容的指令信息，指导对象平台开展工作。

（三）企业职能管理文化物联网运行

企业职能管理文化物联网的运行重点，是确保能够提升相应领域工艺专业化的信息进入闭环运行。若职能机构采取系统化、常态化、细致化、可视化、制度化、量化等措施以促进管理过程的专业化，则关于企业文化建设系统化、企业文化活动常态化和细致化、企业文化的标志性成果可视化、企业文化相关准则制度化、企业文化影响效果量化等信息将由职能机构统一发布，整个企业职能管理文化物联网共同践行，从而实现专业化管理效果。

企业职能管理文化物联网的运行结果，是促进对象专业化。在职能机构的管理下，专业化指导信息不断运行，支撑和辅助对象平台提升参与能力和参与感，从而使对象平台在理念层面、行动层面等理解企业文化，践行企业文化，具备企业文化方面的专业化执行水平。

第四章

用户平台文化

企业文化物联网中的每个平台都拥有一个能够独立运行的内网，同时参与整个物联网体系，也与其他平台不断进行着信息交互。用户平台的内网运行彰显了该平台的特征，并构成用户平台的核心文化；用户平台与其他平台的互动关系则丰富了用户平台文化，同时也是用户平台文化的有机组成部分。

用户平台的文化深深扎根于其需求，是该平台上全体员工和投资者两个群体需求的系统化表达。同时，用户平台文化也在实现需求的过程中得到展现和扩充。下面将详述用户平台的需求、需求的实现方式、需求的实现方法和文化表现形式四部分主要内容。

第一节 用户平台需求

在企业文化物联网中，用户平台的需求为主导性需求，奠定企业文化的性质，引领整个企业的运行方向。用户平台的需求凝聚着广大企业职工的根本利益，饱含着企业投资者的雄心壮志和根本诉求，也代表着企业的发展要求和关键定位。在用户平台上，全体员工和投资者两个群体的需求都是企业文化的重要组成部分，不可忽视；但两者不同的群体特性，又使他们的需求存在差异，对企业文化的作用力也各有侧重。其中，全体员工是企业发展的基石和有力支撑，他们所认同的文化类型通常会奠定一个企业的文化根基，深刻体现着"江山就是人民，人民就是江山"的道理；投资者对公司拥有所有权，对公司的重大经营管理事项有很大的话语权，他们所认同的文化类型将会引导企业文化的前进方向。

虽然投资者和全体员工的四类需求——利公需求、利他需求、利己需求和物质需求存在于生活中的方方面面，但他们只在企业范围内是用户平台，在其他范围未必是用户平台。因此，用户平台的需求集中体现场所是企业，实现方式也仅聚焦于企业的运行。

一、利公需求

"大道之行也，天下为公，选贤与能，讲信修睦。"[1] "夫仁者，己欲立而立人，己欲达而达人。"[2] 心存天下与大爱，对世间万物都有平等的关怀之心，将全人类的幸福、利益、福利作为自身需求的出发点，以"博施济众"为己任，彰显"计利当计天下利"的宽广胸襟，便是用户平台的利公需求。该利公需求具体包含两个方面：追求人与社会的和谐发展、谋求自然万物的和谐共存与发展。

在人与社会的和谐发展方面，用户平台深刻体悟到个人与社会相互依存、无法分割的关联性，明白社会是以共同物质生产活动为基础而相互联系的有机共同体，社会的存在和变迁离不开个人，个人也离不开社会；同时，个人的道德能够直接影响社会，个人在追求社会共同体和谐的过程中能够完善自己、达到精神世界的圆满。利公需求包含丰富的内容，例如：用户平台希望社会充满道德与诚信，人与人之间能够拥有信任感以及互帮互助的团结精神，并且愿意主导企业去践行这些准则；用户平台还希望社

---

[1] 语见汉代戴圣《礼记·礼运篇》。
[2] 语见《论语·雍也》。

会能朝着公平正义、自由文明的方向不断进步，并且主导企业去奉献、极力创造这样的社会氛围；用户平台希望人们对美好生活的追求都能得到实现，这些美好的希冀主导企业建立强烈的责任担当，积极为世界与全人类谋福祉；等等。

在自然万物的和谐共存与发展方面，用户平台中正不偏，秉持全面、协调、可持续的发展观来面对变化复杂的世界，深知良好的生态环境蕴含着无穷的价值，敬畏自然，珍爱地球。利公需求包含着丰富的内容，例如：用户平台爱护大自然的环境，包括山川草木、空气给养、大地河流等，主导企业去保护人类的故乡和人类文明的摇篮——大自然；用户平台爱惜大自然中的动植物，秉持众生平等的理念，主导企业去保护生态平衡，实现人与大自然中其他生命的共存共荣；用户平台希望协调人与自然资源的关系，主导企业去合理利用有限的自然资源与能源，努力减少对环境的破坏和污染；等等。

二、利他需求

企业的某些出发点或行动并不能够无差别地惠及所有人，常常是在一定范围内产生影响，能够给特定的一些人带来益处，如对与之紧密相连的特定个体、特定群体或特定组织有助益，从中能体会到助益他人的巨大满足感、幸福感和成就感，这便是用户平台的利他需求。

利他需求包含利国、利民、利行业、利企业（全体员工和投资者）、利企业的施惠者、利企业客户等丰富内容，例如：用户平台中的投资者自身积累了一定的资金，或者能用其他方式筹措资金，深刻明白国家强则企业强，企业兴则国家兴，主导企业的投资方向或运营方向，以振兴国家的经济、造福国民为目标，此为利国；用户平台希望以投资、创业带动就业，为更多人提供就业机会，此为利民；用户平台对既有产品或服务的诸多方面感到不满，希望以开拓进取的精神解决这些问题，为行业做出贡献，此为利行业；用户平台希望集结一群志同道合的朋友，既帮助他人，也成就自己，为他人遮风挡雨，共同实现理想，此为利企业（全体员工和投资者）；用户平台具有感恩的情怀和深远的格局，"滴水之恩，当涌泉相报"，对于曾帮助过企业的组织、团体以及公司予以真情回报和有力支持，此为利企业的施惠者；用户平台提升服务意识，提高管理水平，完善服务体系，以优化与客户之间的合作关系，相互促进，互惠共赢，此为利企业客户；等等。

三、利己需求

用户平台的利己需求是指用户渴望在企业的运营当中成就自身的事业与价值、成为受人尊重的人，即通过主导企业开展实践活动和社会活动来获得他人和社会对自身的肯定。这种肯定通常涉及自尊和他尊层面，凝聚为名——名誉与声望、权——实权与影响力、利——创造价值（包含经济价值与社会价值等）给其带来的精神满足感三方面需求。

用户平台上投资者和全体员工的利己需求集中体现在工作中，例如：希望拥有良好的工作成果，得到企业中其他成员的尊重，增强企业凝聚力，使成员热爱企业并且引以为豪，收获公司良好发展的成果；期望公司具有更大的声望，在客户中拥有更好的形象，通过企业良好的声望和形象来获得一定的社会地位，产生更大的经济效益和社会效益；希望在行业中拥有良好的美誉度和信任度，得到更多同行的关注和合作机会；等等。此外，用户平台上投资者和全体员工的利己需求也体现在社会生活当中，例如：希望得到家人的肯定、认同和喜爱；希望得到朋友的赞美，受到朋友的欢迎和期待；希望自身能力得到市场和社会的信任，获得国家的认可和鼓励；等等。

四、物质需求

对于物质需求，由于投资者和全体员工是企业文化的用户平台，要为企业集体的生存和发展考虑，并不只是为了实现个人的需求而主导企业文化的运行，因此其物质需求既包含个人层面又包含企业层面。

在个人层面，用户平台的物质需求指向维持人正常生存和生活的必需品，以及能使生活变得舒适和提高效率的一切物品和服务，如维持生存所需的食物和饮用水、用于御寒和展现基本礼仪的服饰、用于居住和提供安全庇护的住所等，还包括追求生活品质的所需物质，如能够令出行变得方便快捷的交通工具、能够使人进步的教育、能够丰富生活的娱乐项目等。

在企业层面，用户平台的物质需求指向企业集体的生存和发展，生存必需品如生产或服务场所、办公场所、员工的薪酬、维持公司运转的订单等，发展所需的物质如能够使企业扩大再生产的资源以及能够令员工生活得更好的福利、津贴、奖金和股票期权等。

第二节 用户平台需求的实现方式

用户平台的文化需求在经过平台内部的相互协调后，对外展现为企业的文化需求，由此用户平台需求的实现方式为组建企业文化物联网。

在组建的企业文化物联网中，用户平台的四种需求（利公需求、利他需求、利己需求、物质需求）可以通过服务平台、管理平台、传感网络平台的统筹和传递，最后与对象平台中的四种需求（利公需求、利他需求、利己需求、物质需求）进行交互，形成不同的需求网。

在不同的需求网中，基于对象员工需求与用户平台主要需求的契合度，便形成了主网、次网及边缘网，来满足用户平台主要需求。其中，主网是用户平台主要需求的主要实现方式；次网包含用户平台主要需求的次要实现方式、用户平台次要需求的主要实现方式和用户平台次要需求的次要实现方式；边缘网包含用户平台主要需求、次要需求的边缘实现方式以及边缘需求的所有实现方式。

通常情况下，对象平台需求与用户平台需求一致时，容易形成主网且运行效率最高，并相应产生16种实现方式。

一、利公需求的实现方式

用户平台利公需求的实现方式，如图4-1所示。

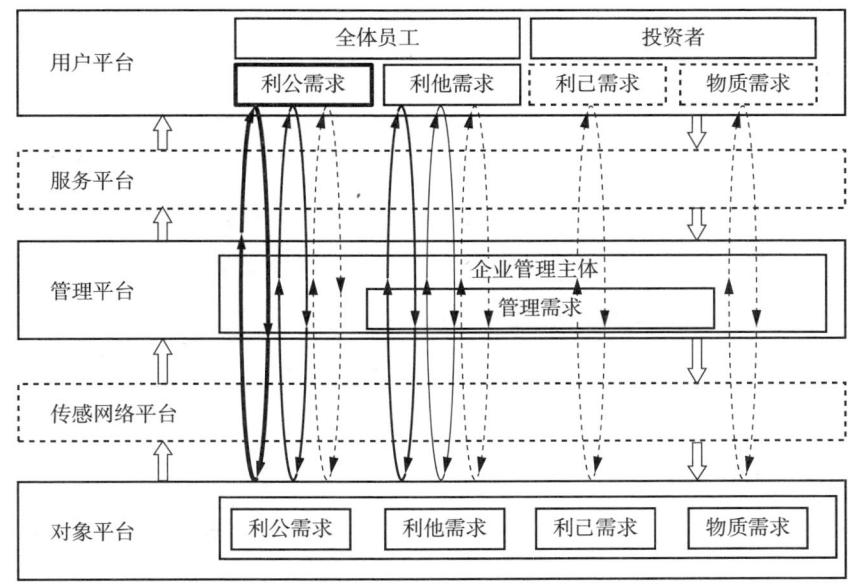

图 4-1 用户平台以利公需求为主的物联网运行

在企业文化物联网中,用户平台主要需求——利公需求的实现方式是与对象平台的 4 种需求(利己需求、利他需求、利己需求和物质需求)交互所组成的物联网,分别作为用户平台利公需求的主要实现方式、次要实现方式及边缘实现方式。

该物联网中的主网如下：以用户平台的利公需求和对象平台的利公需求为主要需求参与形成主网,对象平台在企业的工作生活中展现出更多的利公需求,希望人与社会的和谐发展和自然万物和谐共存与发展。在管理平台的组织下,对象平台与用户平台上下一心,运行效果最佳,运行效率最为顺畅,由此作为用户平台利公需求的主要实现方式。

该物联网中的次网有以下几种情况：用户平台的利公需求和对象平台的利他需求之间形成主次网,对象平台的利他需求主要体现在对特定组织、群体以及对象的关心、关爱上;用户平台的利他需求与对象平台的利公需求或利他需求之间形成次主网,与其他需求之间则形成次次网。在管理平台的协调组织下，以上次网在一定程度上都能够辅助用户平台利公需求的实现，由此作为用户平台利公需求的次要实现方式。

该物联网中的边缘网如下：除以上主网与次网外，均为边缘网。其中对象平台和用户平台的边缘需求是倾向利己和物质的，希望得到威望、声誉和尊重的心理满足，或获得更高的生活水平和物质满足。在管理平台的协调统筹下，在整体物联网中的运行效果不佳，甚至在运行中可能阻碍用户平台主要需求的实现，由此作为用户平台利公需求的边缘实现方式。

以上是一般情况下，用户平台与对象平台主要需求都为利公需求时，所组建的物联网为主网，同时也是主要需求的主要实现方式。但在特殊情况下，用户平台主要需求（利公需求）与对象平台以其他三种需求（利他需求、利己需求、物质需求）为主要需求参与时，分别交互组建物联网，也能形成各自独立高效运行的主网（"利公—利他""利公—利己""利公—物质"①），并分别作为用户平台主要需求（利公需求）的主要实现方式。

二、利他需求的实现方式

用户平台利他需求的实现方式，如图4-2所示。

在企业文化物联网中，用户平台主要需求——利他需求的实现方式是与对象平台的4种需求（利公需求、利他需求、利己需求和物质需求）交互所组成的物联网，分别作为用户平台利他需求的主要实现方式、次要实现方式以及边缘实现方式。

该物联网中的主网如下：用户平台的利他需求、对象平台的利他需求

---

① "利公—利他""利公—利己""利公—物质"是用户平台利公需求与对象平台利他、利己、物质需求分别组合而成的方式。本书将用户平台的需求与对象平台的需求相连接所形成的方式写作"（用户需求）—（对象需求）"的形式，全书同。

第四章 用户平台文化

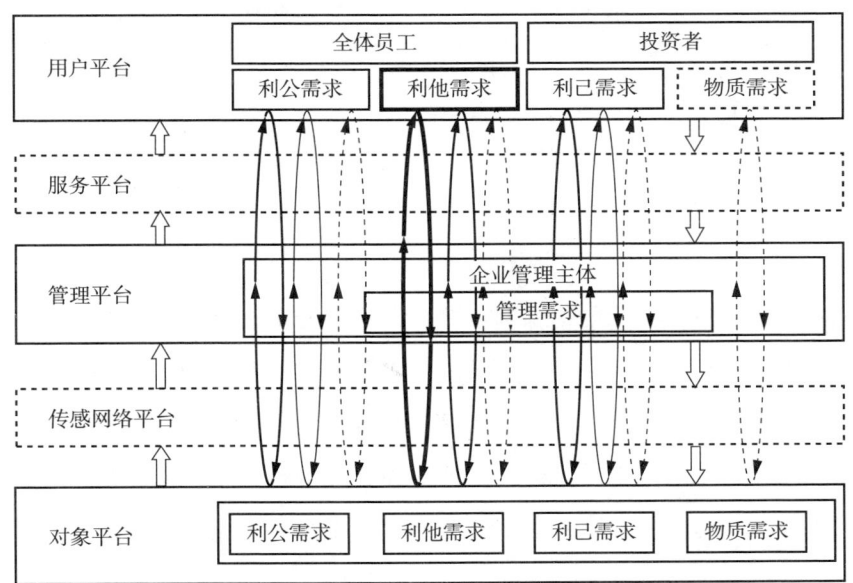

图 4-2 用户平台以利他需求为主的物联网运行

之间形成主网，对象平台展现出较强的利他需求，希望从事有益于他人的事业或聚焦于服务、帮助特定的组织、群体和个人。由于对象平台与用户平台需求紧密贴合，在管理平台的组织下，步调容易达成一致，运行效果易达到最佳，运行效率最为顺畅，由此作为用户平台利他需求的主要实现方式。

该物联网中的次网有以下几种情况。其中，用户平台的主要需求——利他需求、对象平台的利公需求之间形成主次网 1，对象平台展现出的需求更具有大爱，在日常生活和工作中愿意与人为善、无私为公；用户平台的利他需求、对象平台的利己需求之间形成主次网 2，对象平台渴望获得上级领导的认可、欣赏，或希望扩大自己的影响力，通过获得好的公共声誉或利益带来心理上的满足等。用户平台的次要需求 1——利公需求、对象平台的各种需求之间均可形成次主网 1，实际情况中通常是与相同或相近的需求形成次主网，与其他需求则形成次次网。用户平台的次要需求2——利己需求、对象平台的各种需求之间均可形成次主网2，实际情况中则通常与相同或相近的需求形成次主网，与其他需求则形成次次网。

在管理平台良好的协调组织下，以上次网都能够在不同程度上辅助用户平台主要需求（利他需求）的实现，由此作为用户平台利他需求的次要实现方式。

用户平台利他需求的边缘网：除以上主网与次网外，其他均为边缘网运行，对象平台和用户平台的边缘需求以获取物质利益为其主要需求，如致力于提高自身生活品质、享受物质利益带来的便捷生活等。而这与用户平台的主要需求之间有较大分歧，即便在管理平台的积极协调统筹下，边缘网的运行可能对用户平台主要需求的实现带来较大阻碍，或对用户平台主要需求的实现没有实质性帮助，由此作为用户平台利他需求的边缘实现方式。

以上是一般情况下，用户平台与对象平台主要需求都为利他需求时，所组建的物联网为主网，同时也是主要需求的主要实现方式。在特殊情况下，用户平台主要需求与对象平台以其他三个需求（利公需求、利己需求、物质需求）为主要需求参与时，分别交互组建物联网，也能形成各自独立高效运行的主网（"利他—利公""利他—利己""利他—物质"），并分别作为用户平台主要需求的主要实现方式。

三、利己需求的实现方式

用户平台利己需求的实现方式，如图4-3所示。

在企业文化物联网中，用户平台主要需求——利己需求的实现方式是与对象平台的4种需求（利公需求、利他需求、利己需求和物质需求）分别交互所组成的物联网，分别作为用户平台利己需求的主要实现方式、次要实现方式及边缘实现方式。

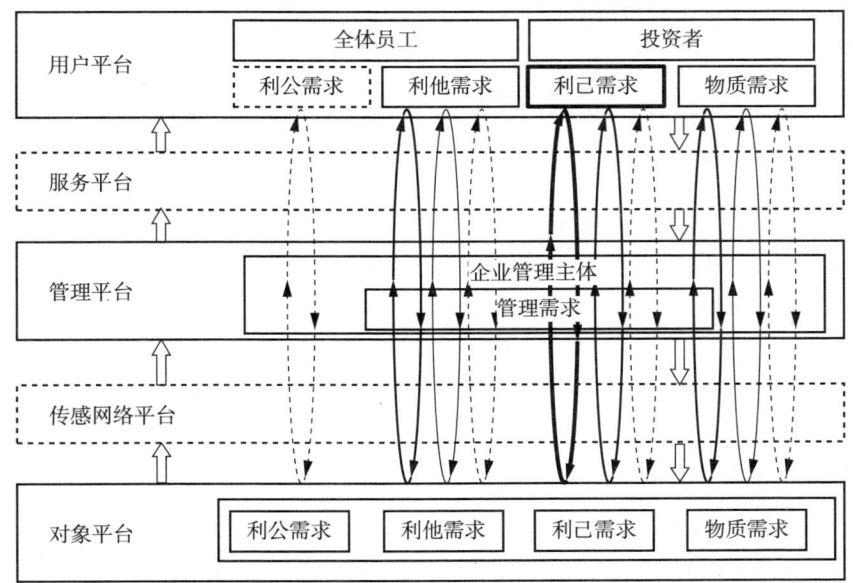

图 4-3　用户平台以利己需求为主的物联网运行

该物联网中的主网如下：以用户平台的利己需求、对象平台的利己需求为主要需求参与形成主网，表现出对名、权、利的追求，如尊严、名誉、集体的荣誉感等。在管理平台的组织下，相互配合、和谐一致，运行效果最佳，运行效率最为顺畅，由此作为用户平台利己需求的主要实现方式。

该物联网中的次网存在以下情况。其中，用户平台的主要需求——利己需求、对象平台的利他需求之间形成主次网 1：对象平台关切与自身相关的特定组织、群体和对象，如在工作中，倾向于做利于企业、利于客户之事，从企业和客户的角度出发，站在他们的角度思考问题，为企业创造价值，满足用户与客户需求等。用户平台的利己需求、对象平台的物质需求之间形成主次网 2：在企业中，对象平台的物质需求更多体现在期待薪资、奖金等的提升上，公司业绩与自身薪酬息息相关，同时对象平台也希望公司的效益能够创优。用户平台的次要需求——利他需求、物质需求分别与对象平台的各个需求之间形成次主网，在次主网确定之后还可形成次次网。

以上次网的文化可协调性较强，在管理平台的协调组织下，能够辅助用户平台利他需求的实现，由此作为用户平台利己需求的次要实现方式。

用户平台利己需求的边缘网：除以上主网与次网外，其他均为边缘网运行，对象平台和用户平台的边缘需求是倾向利公的，如默默无闻的敬业奉献精神、"以义为先"的经营理念等。边缘网中对象平台的需求与用户平台主要需求往往背道而驰或差距较大，在管理平台的协调统筹下，整体物联网中的运行效果相较于主网和次网也较差，因此作为用户平台利己需求的边缘实现方式。

以上是一般情况下，用户平台与对象平台主要需求都为利己需求时，所组建的物联网主网，同时也是主要需求的主要实现方式。在特殊情况下，用户平台主要需求与对象平台以其他三个需求（利公需求、利他需求、物质需求）为主要需求参与时，分别交互组建物联网，也能形成各自独立高效运行的主网（"利己—利公""利己—利他""利己—物质"），并分别作为用户平台主要需求的主要实现方式。

四、物质需求的实现方式

用户平台物质需求的实现方式，如图4-4所示。

在企业文化物联网中，用户平台主要需求——物质需求的实现方式是与对象平台的4种需求（利公需求、利他需求、利己需求和物质需求）交互所组成的物联网，分别作为用户平台物质需求的主要实现方式、次要实现方式及边缘实现方式。

该物联网中的主网如下：以用户平台的物质需求和对象平台的物质需求为主要需求参与形成主网，对象平台以企业利益或自身薪酬为期望导向。对象平台与用户平台主要需求是同频共振的，在管理平台的组织下，

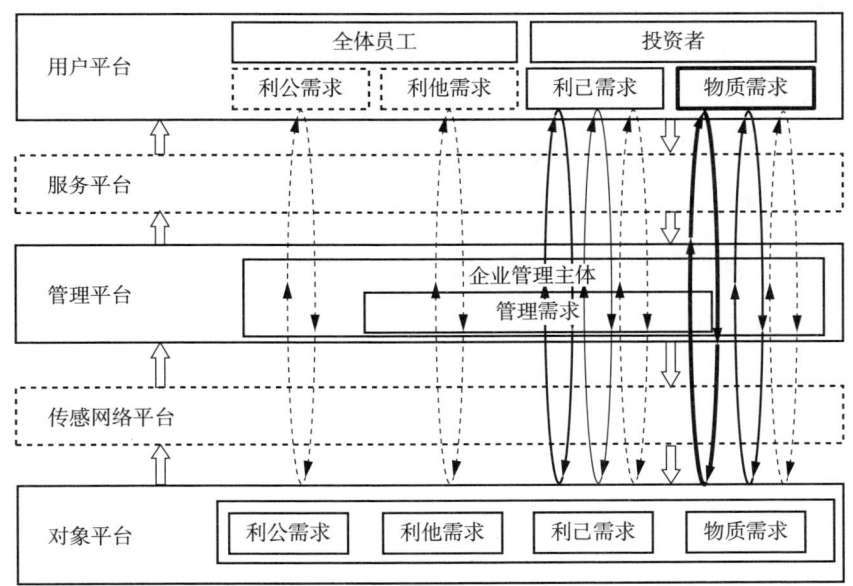

图 4-4 用户平台以物质需求为主的物联网运行

容易形成运行效果最佳、运行效率最为顺畅的物联网运行,由此作为用户平台物质需求的主要实现方式。

该物联网中的次网存在以下情况。其中,用户平台的主要需求——物质需求和对象平台的利己需求之间形成主次网,对象平台的利己需求主要体现在渴望被认可、尊重的心理满足上。用户平台的次要需求——利己需求、对象平台的物质需求之间形成次主网,与其他需求之间则形成次次网。在管理平台的协调组织下,以上三种次网能够间接推动、辅助用户平台物质需求的实现,由此作为用户平台物质需求的次要实现方式。

用户平台物质需求的边缘网:除以上主网与次网外,均为边缘网,对象平台和用户平台的边缘需求倾向利公与利他或二者兼有。两平台之间的文化信息与主要需求文化差距较大,即使在管理平台的协调统筹下,边缘网在整体物联网中的运行效果依旧不佳,甚至在运行中可能造成用户平台主要需求实现的困难,由此作为用户平台物质需求的边缘实现方式。

以上是一般情况下，用户平台与对象平台主要需求都为物质需求时，所组建的物联网主网，同时也是主要需求的主要实现方式。在特殊情况下，用户平台主要需求与对象平台以其他三个需求（利公需求、利他需求、利己需求）为主要需求参与时，分别交互组建物联网，形成各自独立运行的主网（"物质—利公""物质—利他""物质—利己"），并分别作为用户平台主要需求的主要实现方式。

第三节 用户平台需求的实现方法

在企业文化物联网中,企业文化只有被企业的大多数成员了解、接纳以及共同遵循后,才能真正发挥其价值。用户平台作为企业文化的需求方、创造方与受益方,是文化信息传递和平台组建之关键,其需求是文化信息之源头,因此需要探寻如何满足用户平台的需求即满足需求的方法。

满足用户需求的实现方法就是企业文化物联网平台的组建和文化的信息运行,用户平台可以通过不同的组网方式和信息传递找到实现和满足需求的路径。用户平台需求的实现方法是通过文化的信息传递来实现的,可分为两种:一是五平台之间纵向的相互传递,即大闭环的文化传递;二是用户平台中的全体员工和投资者内部之间的相互传递,即内闭环文化传递。

一、用户平台的大闭环信息运行

用户平台通过组网寻求需求信息的传递,并通过运行物联网满足自身需求。用户平台的大闭环信息运行由感知信息和控制信息的运行构成。通过对象平台发出感知信息,并涉及传感网络平台、管理平台、服务平台,再经由用户平台发出控制信息,形成的双向闭环回路。

（一）信息闭环的形成

用户平台处于物联网的最高层级，信息传递的形成离不开各平台之间的信息传输。用户平台为了需求的实现，就要找寻合适的服务平台、管理平台、传感网络平台并提供各平台所需资源，组建物联网。

1. 用户平台的信息运行

用户平台，一方面感知到对象平台的文化信息，另一方面将感知到的文化信息进行融合，发出自己的文化需求信息，主导整个文化物联网的运行。

2. 服务平台的信息运行

服务平台是直接服务于用户平台的，为用户提供直接的服务并将信息传至管理平台。首先，服务平台在信息传递中，要理解用户指令、充分把握需求目标，实现文化需求信息在物联网中的高效传输；其次，简单处理用户信息，在需求信息多样性的前提下，服务平台要进行多角度、多方位的信息收集，抓住需求特点，并传递给管理平台。

3. 管理平台的信息运行

管理平台接收服务平台的信息，进行统筹、组织和规划满足需求。如道德文化缺乏强制性，除相关舆论外，唯一行之有效的方法就是建立各种规范制度，管理平台就是将文化物联网中的信息运行标准化、规范化、秩序化。

4. 传感网络平台的信息运行

传感网络平台连接着各个平台的信息，成为信息运输和传递的关键，能够保证信息传输的及时性和准确性。

5. 对象平台的信息运行

对象平台接收信息并执行信息指令，从而使企业的核心价值观和精神切实发挥作用。

（二）感知信息的运行

在感知信息的运行中，用户平台作为感知信息最终的接收者，通过接收汇集的文化感知信息需求，优化文化需求，也是企业文化形成的依据和过程。

为了更好地理解文化感知与控制信息的运行，以用户平台的利他需求为例进行说明。

感知信息由对象平台发出，信息运行方向是从对象平台到用户平台。

对象员工通过以不同的主要需求（利公需求、利他需求、利己需求、物质需求）参网，满足用户的利他需求。如对象平台也以利他需求为主要需求，对象平台的感知信息通常表现为员工拥有仁爱、友善的道德观念，对贫困及特殊群体持续关注，希望树立良好的公司形象，对贫困人群发起公益捐赠以及赚取更多薪资进行公益活动等。这些信息通过传感通信通道向业务管理者传输，业务管理者将信息进行归纳和统筹，权衡利弊，合理部署，对如何帮助社会贫困群体做出相应调整方案并提出合理化建议，形成感知管理信息，向服务通信通道发送，以满足用户平台的利他需求。

（三）控制信息的运行

在控制信息的运行中，用户是文化需求的发出者，因此控制信息由用户平台发出，信息运行方向是从用户平台到对象平台。

同样也以用户平台的利他需求为例进行说明。

用户平台根据其自身的利他需求，对社会贫困群体发起救助。用户平台对感知文化信息进行把控，如对业务管理者的选择是否认同，或者对其建议是否采纳等，再将控制信息传递给服务平台。服务平台在接收到控制信息后，进行简单的归纳整理，并将控制服务信息传至业务管理者。业务管理者将控制服务信息转化为管控信息，如进行相关的公益募捐活动，就捐献金额、活动地区、受捐群体等事宜制订计划,然后将筹备信息传送至传感网络平台。传感网络平台在接收到信息后,转化为控制传感信息,并最终传至对象平台,由对象员工直接执行相关的利他行为,形成一个完整的利他文化控制运行。

二、用户平台的内闭环信息运行

用户平台文化传播内闭环所运行的信息主要包括利公需求、利他需求、利己需求以及物质需求。

用户平台作为一个整体,以上四种需求同时存在,在某种需求占主导地位时,便会发出相应的文化需求,如利公需求、利他需求,次要需求无具体表现形式。所以,在用户平台内部便有主要需求和次要需求,其需求要被完整体现,就需要内部的投资者和全体员工之间形成和谐一致或顺畅运行的内闭环信息,确保内闭环信息的有效运行或传递,最终形成统一的用户平台需求文化,使企业的文化建设更加和谐,有利于企业的稳定发展。

第四节 用户平台文化的表现形式

用户平台文化的表现形式,就是以一定载体形式将用户需求展示出来,并形成间接或直接被人感知的文化信号。用户平台文化具体的表现形式更突出了用户的思想、情感和精神意志,体现了用户平台的经营理念、核心价值观和文化需求。不同的文化需求,如利公、利他、利己以及物质需求,具有不同的文化表现形式,如企业的口号、标语、使命、价值观、愿景、方针、宗旨以及观念等。

下面以用户平台的四种文化需求为基础,详述各类文化需求的表现形式。

一、利公文化需求的表现形式

(一) 人与自然(绿色文化)

在用户平台希望人与人之间的和谐共处,人与自然的协调发展以及人类的安全健康的前提下,企业关注环保,引入环保概念,保护生态环境,维护生存环境,并积极进行环保文化建设。其表现形式主要体现在企业的环保宗旨和使命上,如从企业自身出发(第③条、第⑥条),从企业身边做起(第②条):

"树环保之风,迎美好明天。"(第①条)

"爱护公物,珍惜资源,勤俭节约,共同发展。"(第②条)

"企业求发展,环保需先行。"(第③条)

"珍惜自然资源,共营生命绿色。"(第④条)

"保护生态环境,倡导文明新风。"(第⑤条)

"树立企业形象,协调人与自然。"(第⑥条)

企业的绿色文化强调企业污染控制和企业员工的环保意识,这是绿色环保建设的第一步,更为重要的是将环保理念和环保系统在企业中具体应用(第⑩条、第⑪条),即能源的节约和资源的循环再利用:

"节能减排惠民生,需要大家齐努力。"(第⑦条)

"索取资源力求简单,利用资源转换完全。"(第⑧条)

"推展减废运动,做好废弃管理。"(第⑨条)

"做节约能源资源表率,建节约型机关。"(第⑩条)

"废料再生,妥善分类,垃圾减量,避免浪费。"(第⑪条)

(二) 人与社会(仁义文化)

在用户平台倡导以"仁爱之心"做人、以"正义之心"处世需求的基础上,企业通过仁义文化改善企业风气,形成优良品德,努力协调人与人之间的关系、人与社会的关系,推动社会文明的进步。其表现形式主要体现在企业的精神文化观念(第①条、第②条)与对员工的培训教育上(第④条、第⑤条、第⑥条):

"山高'仁'为峰,路远'义'能赢。"(第①条)

"为实为新,以'仁'为本。"(第②条)

"凝聚你我他之力,促成仁义礼智信。"(第③条)

"见利思义,见危授命。"(第④条)

"做事勤勤恳恳,做人清清白白。"(第⑤条)

"笃于义薄于利,敏于事慎于言。"(第⑥条)

二、利他文化需求的表现形式

(一) 廉洁文化

廉洁是一种美德,深刻地影响着人们的世界观、人生观和价值观,能够极大地加强公民的道德建设。用户平台倡导德才兼备、廉洁修身,希望有利于各部门/客户开展工作,促进以廉洁为导向的认知模式和行为模式的生成,使企业内部拥有良好的廉洁意识和廉洁规范,有效打击腐败行为。其表现形式主要体现在企业的价值观念和精神上,从正面宣扬廉洁文化,使员工做廉洁自律者(第②条、第⑤条):

"严守纪律,严守做人做事底线,保证自身廉洁。"(第①条)

"清廉正直,承交融天下之精神;洁身自好,创建者无疆之典范。"(第②条)

"知廉于心,守洁与行。"(第③条)

"欲影正者端其表,欲下廉者先之身。"(第④条)

"廉洁之于家庭意味着平安,廉洁之于企业意味着发展,廉洁之于国家意味着未来。"(第⑤条)

从反面批判不廉洁行为,敲响清廉警钟(第⑥条、第⑦条):

"廉洁从一分一厘拒之。"(第⑥条)

"不摸锅底手不黑,不拿油瓶手不腻。"(第⑦条)

在利他方面,企业文化要想全面发展,也要充分重视员工个人的发展和培育,即利个人需求,如人本文化等。

(二) 象性文化

象性文化以温和为主,又称"人本文化"。在"象性文化"的主导下,企业文化更具有"以人为本""以人为先""人文关怀"的特点。用户平台要创造出一种人人受重视的文化氛围,激发员工潜力,全面提高员工的素质，最大限度地调动员工的智慧，实现员工全面发展。其表现形式主要体现在企业对人才求贤若渴的价值观念上（第①条、第②条、第③条）：

"科技是第一产业，人才是第一资源。"（第①条）

"唯才是命，爱才之德，识才之能，用才之长。"（第②条）

"吸引急需人才，储备未来人才。"（第③条）

"企业以人为本，员工以厂为荣。"（第④条）

"人本同心，与爱同行。"（第⑤条）

"任何企业发展唯一可以依存的都只有人，人是公司发展最基础最根本的动力，每个公司都要建立以人为本的企业文化。"（第⑥条）

"以人为本，精诚团结。"（第⑦条）

"人尽其才，才尽其用，各尽所能，共同发展。"（第⑧条）

三、利己文化需求的表现形式

（一）品牌文化

通过赋予品牌丰富的文化内涵，建立品牌定位，形成品牌意识，创造品牌信仰。企业通过品牌文化，可提高市场竞争力，稳定市场，建设与传递良好的企业形象，赋予产品强大的生命力。其表现形式体现在品牌文化孕育的价值观念（第①条、第③条）和形象管理（第②条、第④条、第⑤条、第⑥条）上：

"效率成就品牌，诚信铸就未来。"（第①条）

"创想心精彩，成就新品牌。"（第②条）

"信誉口碑双赢，品质数量兼修。"（第③条）

"重合同、守信用，维护企业好名誉；精管理、讲科学，塑造集团新形象。"（第④条）

"建设形象工程，提升企业品牌。"（第⑤条）

"创优质品牌，铸一流形象。"（第⑥条）

品牌文化是对企业形象的追求,追求利己文化中的名与利,但过分关注却可能会造成企业只显徒有其表。市场竞争仅靠名望与信誉是不够的,为了使品牌文化能够"名副其实",另一种利己文化——品质文化也应在追求之中,品质文化是将产品品质放在首要地位,以实现企业的可持续发展,获得行业与消费者的认可和尊重。

(二) 产品文化

将产品作为文化的载体,产品文化旨在满足消费者的心理需要、提高产品的附加值、提高市场占有率。用户平台以产品文化作为提高其名、权、利的方式,表现形式主要体现在企业对产品质量的把控(第⑥条)和对产品品质的追求(第①条、第④条)上:

"创品未来以优势优越品质创造未来。"(第①条)

"服务顾客,力求完美,不断创新,追求卓越。"(第②条)

"发展为纲,创新为魂,市场为先,服务为源。"(第③条)

"精益求精,有条不紊,以诚相待。"(第④条)

"品质管制人人做,优良品质有把握。"(第⑤条)

"产品是企业的形象,质量是企业的信誉。"(第⑥条)

四、物质文化需求的表现形式

(一) 狼性文化

狼性文化重视团队协作、追求"不抛弃、不放弃"的执着精神以及拥有克服困难的勇气等。企业利用狼性文化来应对外部环境的激烈竞争,积极寻求市场的扩张和占有,外部表现出企业内部有纪律,员工的协作能力强。其表现形式体现在狼性文化的行为准则中,比较明显地体现在对于创新品质(第①条、第②条、第④条)和业绩(第③条)的不断追逐和提升:

"迎接变化,勇于创新。"(第①条)

"不断超越,追求完美。"(第②条)

"讲究实效,完善管理,提升品质,增创效益。"(第③条)

"我们的理念是:没有最好,只有更好。"(第④条)

"互助合作,配合协调,团结一致,去夺取事业的胜利。同进同退,上下一心。"(第⑤条)

(二)鹰性文化

追求鹰性文化的企业会为员工创造高度竞争的环境,从而激发员工的竞争意识,使员工保持高度的市场敏感度,使企业拥有高市场份额和市场领先地位。用户平台在追求物质利益的过程中,其表现形式主要体现在企业的业绩目标(第①条、第②条、第③条、第④条)和工作效率(第⑤条、第⑥条、第⑦条)中:

"再创新辉煌,做出新业绩。"(第①条)

"追求卓越,永创佳绩。"(第②条)

"人为本管万家,高绩效赢天下。"(第③条)

"创佳绩,求发展,实梦想。"(第④条)

"服务至上,效率为先。"(第⑤条)

"高效创造高效,金牌赢得金牌。"(第⑥条)

"计划是时间的保障,时间是效率的坚实基础,效率是行动的优化大师,行动是成功的唯一途径。"(第⑦条)

第五章

管理平台文化

管理平台的内部运行特征为企业内部经济物联网与文化物联网的物理实体部分重叠、信息交互并行，这一运行形成"企业管理文化物联网"，是管理平台的核心文化；管理平台与其他平台的互动关系能够丰富管理平台文化，同时也是管理平台文化的有机组成部分。如果把内网运行看作"横向"的内部运行，管理平台与其他平台的互动则为"纵向"的整体运行。管理平台的纵向运行是管理平台文化对其他平台发挥作用的过程，具体包括需求的形成、对需求实现方式的决策、对需求实现方法的选用、文化的表现形式等内容，对企业文化物联网具有显著影响。

第一节 管理平台需求

一、管理平台需求形成的基础

企业文化本身是一个复杂的社会现象，是较为庞杂多变的"系统"，能够不断演化和扩散。任由企业文化无序生长，不对其发展方向进行把控，便有可能泥沙俱下，一些不良习气、错误的思想观念就会逐渐腐蚀积极向上的文化，削弱企业文化中正向的精神力量，难以保证文化的先进性。因此，企业文化物联网基于其体系的完整性、运行的顺畅性，亟须建立对物联网中文化信息进行统一管理的平台，管理平台便由此形成。

管理平台上物理实体的组成有其特定机制：企业文化具有广泛影响力，可作用于企业的所有员工，所以员工个体首先成为企业文化物联网对象平台中的一员；继而一部分员工个体因承接管理职务而产生管理需求，成为管理平台上的物理实体（管理主体）。这一过程使该部分员工个体具备双重属性——自然人属性（此时不履行管理平台职能，依据原生性需求行事）和平台所赋予的组织属性。

该部分员工个体的自然人属性与组织属性是相互联动、融于一体的，只是两种属性下产生的需求将在不同平台上实现。理想状态下，其作为自然人的原生性需求，在对象平台得到实现；其作为管理职能载体时，以职务性需求——管理需求为核心，不掺杂个人原生性需求，以发挥管理职能、维护企业文化物联网的良好运行为出发点。然而，绝对理性是很难达到的，管理主体有时会由于追求个人原生性需求、自身的好恶或偏见等影响判断、阻碍职能发挥。

二、管理平台上各管理主体的需求

以股份有限公司的内部组织架构和人员构成为例，管理平台内网中包含股东大会、董事会、总经理、高层管理者、中层管理者、基层管理者和基层员工这7种不同身份角色的管理层级。不同职务层级间的需求文化各有侧重，自上而下分别拥有企业的所有权、经营权、核心管理权、基础管理权等。并且，相近职务层级的管理主体往往形成相似度较高的需求文化，如总经理和高层管理者、中层管理者和基层管理者、在不同企业被赋予相近权能的董事长和总经理。

此外，各管理主体也有共性管理需求——保证整个企业文化物联网运行良好，对上满足用户平台的需求，对下满足员工个体的需求，对内实现自身的管理追求。各管理主体同心协力，管理属性一致，管理责任细分，最终共同构成企业的管理平台需求。

（一）企业所有权拥有层的需求

股东大会是股份有限公司中的最高权力机构，属于管理平台上的最高层级，有权对公司一切重要事务作出决议，其呈现出的需求是大多数股东需求的集合。

多数情况下，股东出资设立企业，股东便是企业所有权拥有层，其所有权集中表现为股权，具体包含资产收益权、剩余财产分配权等。股东可通过股东大会来行使其参与决策权，表达其需求，贯彻其意志。

股东的个人需求能够对股东大会的导向和决策产生影响，包括以下三种情况。其一，占公司股权比重较大的股东（或大多数股东）抱有高尚的情怀或兼济天下的理想（利他需求或利公需求），且这一需求超越了其对自身得失的考量，则股东大会在考虑企业经济效益的同时会兼顾利他需求或利公需求，以平衡经济效益与社会效益，追求自身与他人的共同幸福；甚至将社会效益置于经济效益之前，在影响企业发展的决策中以最大多数人的幸福与利益为先导。例如，股东最突出的需求是实现企业整体的和谐、健康发展，满足企业中所有成员的共同需求，股东大会在这一强烈需求的驱使下产生较为浓厚的利他文化氛围，不以获取经济利益为唯一出发点。其二，占公司股权比重较大的股东（或大多数股东）具有强烈的利己需求，高度关注自身的资产收益权、剩余财产分配权以及名声等，则股东大会优先考虑企业的经济发展速度与规模，将创造经济价值、提升公司社会地位、分红等作为重点任务。其三，占公司股权比重较大的股东（或大多数股东）都追求物质，高度重视商业利益，则股东大会也会极力寻求满足股东物质需求的方式和方法。

股东的需求表达会对企业产生多重影响，且影响力随着其股权占比的提高而增大。除上述对股东大会的影响外，股东的需求表达还会作用于管理平台的其他层级，如直接对股东大会负责的董事会、需对董事会负责的核心管理层（相当于间接对股东大会负责）等；并且从需求定性、决策氛围、行事风格等多方面长期影响企业的发展方向、发展重点和重大事项决议，成为企业整体文化的风向标。需要注意的是，过于集中的股权与决策方式，容易导致大股东习惯于发号施令，听不进他人的不同意见，形成极具大股东个人色彩的文化，出现脱离工作实际、"家长制"作风等问题。

在企业成长和发展的过程中，企业所有权拥有层的需求逐渐演化为企业所有权文化。该文化是企业管理文化中的一个组成部分，通常表现在企业文化的理念层，决定企业的定位。

（二）企业经营层的需求

董事会是企业经营中重要的法定常设机构之一，对企业经营产生影响的关键机制最终都需要通过董事会来发挥作用。在企业文化物联网中，董事会对协调投资者用户分平台的需求与全体员工用户分平台的需求负有主要责任。

一方面，董事会在用户平台主导性需求的作用下开展工作，董事会成员身份的获得依赖于组织中用户平台的授权，如董事或董事长的公司法人职务正是由股东大会（股东作为投资者，是投资者用户分平台的一员）选举产生的。用户平台与董事会之间的领导关系，决定了董事会以用户平台的利益为先的需求，尤其要以投资者用户分平台的需求为出发点和重要落脚点。

另一方面，企业的整体利益与所有成员的个人利益密不可分，尤其不能与占企业绝大多数的基层员工的需求相背离，应是对所有成员利益的整合与升华。企业与投资者和全体员工的关系，决定了董事会不能以股东权益为全部重心，还须考虑企业的成功经营和均衡发展，在保障股东利益的同时保证企业整体利益的实现，凝聚企业向心力，促进企业的繁荣和稳定。

董事会在履行经营决策职能方面的需求，逐渐演化为企业经营文化。企业经营文化，主要体现在企业的经营战略、制度框架等方面，通常表现在企业文化的理念层与制度层，承接用户平台的理念并进行制度框架上的转换。

（三）企业核心管理层的需求

依据《中华人民共和国公司法》的规定①，总经理和本书所称"高层管理者"均属于高级管理人员，处于管理平台中的较高层级，是承担企业管理任务的核心人物。高级管理人员是投资者组织（股东大会）、经营决策组织（董事会）和企业中层、基层管理组织或团体的枢纽，需要同时满足股东需求和公司运行需求，协调具体管理职能和企业整体文化之间的关系。

其中，总经理是开展企业日常经营管理活动的最高负责人，由董事会聘任，对董事会负责，在董事会的授权下执行战略决策。在一些由总经理担任法人的企业中，总经理也履行最高经营决策权。高层管理者则协助总经理对董事会制定的公司目标和战略进行分解和落实，确保企业整体经营的成功，对企业各业务模块负责，如副总经理、董事会秘书、财务总监等。

高级管理人员对顺利开展企业日常管理工作的需求，逐渐演化为企业核心管理层文化（通常也称"高管层文化"），常常表现在制度层面和工作行为层面，能够细化企业管理制度并推动其转化为员工的规范性工作行为。

（四）基础管理层的需求

中层、基层管理者与基层员工的联系最为紧密，属于基础管理层，承

---

① 《中华人民共和国公司法》称公司的经理、副经理、财务负责人，以及上市公司董事会秘书和公司章程规定的其他人员为"高级管理人员"。

担管理基础工作（亦称"基础管理"），助推企业经营目标的实现。管理基础工作中的基层工作纪律管理是基层管理人员最重要的日常管理工作，贯彻并执行高层管理者所制定的事项、监督和协调基层管理人员的工作则是中层管理者的主要职责，两者的日常工作通常包含：提供企业运行所需的资料依据、共同准则、基本手段和前提条件等重要基础要素；对企业生产经营活动进行计划、组织和控制，建立和维护生产秩序，提高生产效率和产品质量；为基层员工分派具体工作任务，直接指挥和监督现场作业活动，保证各项任务有效完成。

中层、基层管理者落实管理基础工作的需求，逐渐演化为企业基础管理文化，通常表现在中层、基层管理者和员工的言行层面，有助于培育员工的规范性工作行为。

（五）基层员工的管理需求

人们或多或少都存在管理需求，管理人、事、物是人们具有掌控力和影响力的体现，能够增强人们的自尊与自信。但基层员工经常处于企业管理文化物联网的对象平台，对他人的管理程度较弱，对自身的管理需求则较为旺盛。因此，基层员工的管理需求一般产生于以下三种情况：一是出现在企业自组文化物联网中，不过自组文化物联网的运行处于整个企业文化物联网的边缘地位，所以这种情况发生的概率较低；二是出现在基层员工对自身及其工作事务的管理中，基层员工按照工作岗位组建小闭环，并对该小闭环进行管理；三是出现在基层员工内闭环的运行中，基层员工在其所处平台的内网中进行自我决策（用户平台职能）、自我管理（管理平台职能）、感知和控制（对象平台职能），即各个平台都可以由其自身担任。

基层员工以自我管控为主的管理需求，逐渐演化为企业群众文化或基层文化，自发作用于企业员工的言行层面和理念层面。

第五章　管理平台文化

第二节　管理平台需求的实现方式

管理主体的共性管理需求,是保证整个企业文化物联网运行良好的基础。换言之,管理平台的需求即实现"保证满足企业所有成员的需求"的发展。这一需求显示,管理平台没有自己的特殊利益,其需求的实现寓于企业所有成员的需求实现之中,与企业中各个平台的运行状态息息相关、一脉相承。

管理主体通过参网后开展的一系列活动来取得一定的外界物,从而满足自身需求。其一,管理平台需求的实现依托一定的管理资源:管理平台凭借自身技能,从用户平台获取资源、得到信任与授权,并合理运用与分配资源,为需求的实现创造条件。其二,管理平台的需求基于职务而来,也只有在履行职务的过程中才得以实现,因此该需求的实现离不开管理客体:对象平台是管理平台最重要的管理客体,其他平台也在一定条件下(如物联网的运行需要各平台配合管理的情况下)接受管理平台的管控,经由与管理客体的互动才能凸显其管理价值。

管理平台需求的实现奠基于物联网的组建上,因此第三章所述的组网情况将在极大程度上影响管理平台对需求实现方式的选择。管理平台参与到用户平台的利公需求、利他需求、利己需求、物质需求与对象平台的利公需求、利他需求、利己需求、物质需求复杂交互的企业文化物联网中，开展企业文化管理实践的难度、方式和方法均受到该物联网中用户平台与对象平台需求的异质程度的综合影响：当用户平台与对象平台的需求同质性较高时，文化管理工作难度较小，管理平台无须对两个平台所发出的信息做复杂的处理，进行常态化的简单管理即可；而当两个平台的需求异质性较高甚至存在文化屏障、关系紧张或对立时，该企业文化物联网的运行便亟须管理平台充分了解和把握两个平台的需求信息，对信息作出研判、整合与转化，调用多方面专业技能缓解平台之间的对抗与紧张，发挥文化的聚合作用与便于演化的特性来缩小平台之间的文化差距，创造和谐的企业文化氛围。

第三节 管理平台需求的实现方法

管理平台需求的实现方式是发挥管理职能、在实现企业文化物联网良好运行情况的同时使自身需求得到满足,而管理平台需求的实现方法正是对其实现方式的操作化、具体化,是其能够用于达到管理效能的各种管理技能、模式或手段。

管理平台需求的实现方法聚焦于如何充分组织其所拥有的资源、高效履行其职能、服务于用户平台,在管理平台信息的运行和管理措施上得到体现。

一、管理平台的信息运行

企业文化的信息传递方向通常是从发源地或创始人向外辐射扩散,作用范围由近及远、由小及大。由于管理主体在企业中处于用户平台与对象平台之间,容易接触到用户平台所表达的需求文化,也拥有较多方法使这一需求文化的作用范围扩大、影响力度加强,因此管理主体在企业文化的传输上是重要的桥梁、中间环节和媒介,常常扮演企业文化的培育者、管理者、公开发布者或调整者等角色。

管理平台通过内部的文化学习和运用(管理平台的内闭环信息运行)、

向企业内部其他平台传递文化（平台之间的小闭环与大闭环信息运行）、向企业外部传递文化来推动整个企业文化物联网良好运行，最终实现自身的需求。

（一）平台之间的小闭环与大闭环信息运行

企业文化物联网中管理平台的职能发挥，对于增强企业文化信息传递的可控性具有重大意义，尤其能够使文化在向企业内部传递时形成强闭环，向参网的关联方传播时则形成较弱的闭环。

1. 向企业内部传递信息

在企业文化物联网各平台之间，信息传递采用闭环形式，即传达企业文化的过程中，信息的发出者要求接收者给予反馈并践行这种文化，而非单方向灌输。由用户平台控制的信息运行闭环即"大闭环"，由服务平台或管理平台控制的信息运行闭环即"小闭环"。具体采用何种方式运行信息，取决于用户平台的判断及授权情况。

需由用户平台对企业文化物联网做出最终的文化解读和决策时，采用大闭环信息传递方式，如涉及对企业的定位、对使命和价值观的确立等重大文化事项便需用户平台决断。在用户平台传达了自身对企业的设想和愿景后，一众愿意参与的员工加入该项建设工作，该文化物联网便组建成功。其中，管理平台在确保整个物联网运行流畅的同时，也在思考用何种管理文化来匹配企业的文化和发展理念，对各个平台的信息进行存储、筛选、分析和总结，对偏离用户需求的信息进行调整和管理。经过统一管理的信息在该企业文化物联网中流转，这便是管理平台参与其中、用户平台控制的大闭环信息运行。

2. 向外传播文化

管理平台向外传播文化，包含向企业文化物联网中的文化关联方传递信息，以及向企业的外部环境（指文化关联方以外的环境）传播。

文化关联方独立于企业而存在，因信服企业文化或其他因素而参与到企业文化物联网中。文化关联方是企业文化物联网中的一个分平台，但管理平台向其传递企业文化信息时，通常难以量化被影响的范围与程度，也较难得到及时的反馈，因此形成的信息运行闭环较弱。关联方会响应该物联网中的部分指令和需求，但这种响应很难做到及时和全面。

管理平台向外部环境传播企业文化，是以自身为媒介和文化发出点，通过自身的言行举止、精神风貌、服务态度等感染他人。在言行层面，如企业的若干名管理主体与供应商、服务商等洽谈合作事宜，管理主体所呈现的缜密方案、逻辑清晰而又尊重他人的谈吐、热情而周到的接待礼仪，无不让人感受到企业有着专业而踏实、平等而友好的文化氛围。在实体层面，企业所销售的产品、提供的服务可能惠及千家万户，但当部分产品出现损坏情况时，推卸责任、不及时处理的企业便传递出轻视客户、只顾牟利而缺乏诚信和服务意识的企业文化，使人们逐渐不再信任该企业；相反，企业生产产品时严把质量关、心系客户，遇到问题时迅速响应、交出令人满意的解决方案，便传递出重品质、会管理、善服务的企业文化，管理平台在这一环节虽未直接向外宣传企业文化，但其在企业中的管理行为和理念已经借由优质的产品和服务间接扩散出去了，塑造了企业的积极形象。

管理平台向外回应并影响社会大众，可视为不断传播着企业文化。反过来，当外部环境中的他人受到企业文化的强烈影响时，便有可能成为文化关联方或加入企业成为其中一员，从而进入企业文化物联网。

（二）管理平台的内闭环信息运行

在企业文化物联网中，管理平台是企业文化传递的重要阵地，管理平台的内闭环信息运行过程即管理主体基于企业文化进行自我管理、自我教育的过程，主要任务为培育自身。

管理平台的内部运行机制为：将用户平台表达的需求和制定的规则具

体化、可操作化，以促进对象平台需求趋近用户平台需求为工作导向，灵活调用文化管理技能，促进企业文化的运行；对于始终与企业文化格格不入的对象平台，更需精进文化管理技能，做出符合用户平台追求的恰当处理。

其中，管理平台对用户平台文化需求的准确分析和精准把握，是培育适合企业生存发展的优秀文化并开展高效文化管理工作的基础。分析用户平台的文化需求存在一些难点：难以使全体员工和投资者达成共识——用户平台由全体员工和投资者两个分平台组成，两者的文化需求未必能协调一致，分平台之间的博弈更是考验管理平台的协调和平衡能力，两者意见相左时可能会使管理平台陷入两难；难以从抽象层面过渡和转化为可操作层面——用户平台的需求往往较为抽象和笼统，正确解读、不断细化至可操作化程度是一大难题；难以将管理才能运用到文化上——文化本身博大精深并且处于不断变化之中，精准对接文化需求要求管理主体具有一定的思想格局、文化素养以及管理技能，这对管理主体本身是一大挑战。

管理平台的内闭环所运行的信息包含但不限于以下内容：企业文化的基本知识、企业文化的起源与初衷、企业文化的精神内核、企业文化与企业经营管理的关系等。企业文化的基本知识通常隶属于一些较为固定的体系，表达较为明确和具象，容易习得，通过一段时间的学习便能掌握。企业文化的精神内核则相对抽象，需通过较长时间去感悟，了解企业文化的起源与初衷，有助于管理主体深入理解企业文化、逐步把握其精神内核，帮助企业管理主体在"知其然"的同时更加"知其所以然"。对企业文化与企业经营管理关系的衡量考验着管理主体的文化管理综合能力，要求管理主体既要懂得管理的科学性，也要了解管理的艺术性。厘清这一信息是管理主体对自身进行文化教育的需求使然，也有利于管理平台正确地影响其他平台。

二、管理措施

管理平台的管理措施包括但不限于策划和统筹、指挥和指导、组织和安排、协调、管控执行五个方面。采用何种具体方法取决于管理主体的经验技能、实施条件、资源匹配性和企业要求等实际情况。

（一）策划和统筹企业文化建设

管理主体在充分把握用户的文化需求、文化宗旨和方针后，策划和统筹企业文化建设，对企业的文化建设提出建设方案。

以用户平台物质需求主导的企业文化物联网为例，用户平台以物质需求为主要需求，希望形成对外能够展示企业实力与形象的物质文化，管理平台便围绕物质文化开展企业文化相关工作。总经理和高层管理者计划从打造一流的办公环境和技术设施、优质的产品设计和产品质量、职业形象专业的员工服饰等方面建设企业物质文化；涉及厂容厂貌打造等重大事项由董事会批准是否进入公司经营计划和年度预算，这一过程就是管理主体中的董事会、总经理和高层管理者对企业文化建设的共同策划和统筹。

中层、基层管理者进一步落实企业物质文化建设工作，着眼于细处，策划和统筹更具体的建设事项，包括制订办公环境打造工程的方案与进度管理计划、技术设施的采购计划与流程、产品设计方案和产品质量管控方案、员工服饰制作方案等，推进各项实体的打造。

（二）指挥和指导文化学习

管理主体指挥和指导文化学习。来自用户的文化宗旨在传递到其他平台时已经过多番解读，可能存在部分偏差，以致其他平台的理解背离用户的初衷，因此学习就成为企业文化物联网中各个平台尤其是对象平台了解和践行企业文化的必要途径。管理主体对群体性文化学习进行指挥和指导，可以使企业成员在文化学习上事半功倍，减少自我学习时可能存在的理解偏差，并能够起到监督的作用。

（三）组织和安排文化活动

管理主体组织和安排文化活动。企业文化贯彻落实中的重大活动，通常由企业的总经理、高层管理者等组织和安排，或者授权专门的负责人来执行；日常性、一般性文化活动则由中层管理者或基层管理者组织，如部门内部组织员工开展企业文化培训。

（四）协调文化分歧与矛盾

管理主体协调文化分歧与矛盾。企业是全体成员组成的经济文化共同体，成员之间难免有不同的文化需求或对企业文化有不同的理解，甚至还会产生矛盾。管理主体在分析和把握用户的需求之外，也需倾听和收集广大员工对象的文化需求，畅通其需求表达通道，消除彼此的分歧与矛盾，共同实现企业目标。

（五）管控企业文化的贯彻落实

管理主体管控企业文化的贯彻落实，一层层贯彻落实用户平台需求所主导的企业文化，尽其所能使全体员工了解、接受并践行企业文化，最终使企业文化从外在的口头理念变为员工的信念，融入员工的言行举止、工作作风当中。

策划和统筹、指挥和指导、组织和安排、协调以及管控执行等需求的实现方法，既涉及管理主体对企业中其他物理实体或事物的管控，也涉及管理平台的内部管控。

第四节 管理平台文化的表现形式

在企业文化物联网中,管理平台具有承上启下的重要功能,需将用户平台的需求与对象平台的需求进行对接,确保信息能够顺利传递。这一重要功能决定了管理平台文化的表现形式绝不能只停留在口头、标语(实体层面)或空想(理念层面)上,必须融入制度层面和言行层面。

理念层面的管理平台文化可统称为"管理理念",包括人们常说的管理观念、管理哲学、管理思维等;制度层面的管理平台文化可统称为"管理制度",包括所有权结构(股权结构)、决策制度与方式、规章制度、行为规范守则、工作流程、受控程序和组织结构等;言行层面的管理平台文化可统称为"管理行为模式",包括管理作风、管理科学与管理艺术等,表现形式不一而足;最为直观和外化的层面是实体层面,包括管理方面的宣传栏和标语等企业 VI(Visual Identity,视觉识别)元素,只是这一表现形式难以体现管理平台文化的独特性,也并非管理平台文化核心内容的体现。因此人们所熟知的管理文化通常指管理理念、管理制度和管理行为模式。

在以下各种形式的文化中,管理平台文化均参与其中,并在不同层面表现出来。

一、精益文化

精益文化是指企业以客户的需求为出发点,通过组织结构、人员统筹、运行方式等方面的变革,以最小的资源投入(把浪费降至最低程度)创造出尽可能多的价值,为客户提供满意的产品和优质及时的服务所形成的文化。

精益文化与管理平台密切相关,管理行为模式是其中的重要组成部分,包括对人员、机械、物料、工艺方法、环境等各方面的管理:如精准了解客户需求,避免提供客户不需要的产品和服务;提高质量,减少错误,避免提供有缺陷的产品或不满意的服务;合理处置库存,减少因无需求而造成多余的积压;精进管理程序,避免增添不必要的程序和过度加工,避免人员在工作中不必要的动作,避免不必要的物品搬运;优化工艺,减少因各项活动的上游不能按时提供产品或服务而造成等候;等等。

彰显精益文化的一些常见宣传标语如下:

"立足岗位做贡献,精益管理增效益。"(第①条)

"精益是先导,效益要提高。"(第②条)

"精益从心开始,改善由我做起。"(第③条)

"不为浪费找理由,只为精益找方法。"(第④条)

"把精益体现在行动上,把浪费杜绝在操作上。"(第⑤条)

"追求精益,杜绝浪费。"(第⑥条)

"控制每一道工序,做好每一件产品。"(第⑦条)

以精益文化为主导的企业的运行通常依靠十分精准而细致的管理行为模式推进,如第③~⑦条标语体现了精益文化最常见的表现形式——"改善""杜绝浪费""控制每一道工序"等。

二、团队文化

企业的发展是一群人共同的事业和奋斗目标,对团队的重视也成为众多企业管理工作的重点。

企业团队文化是指企业成员在相互合作的过程中，为实现各自的需求和整个团队的共同目标而形成的一种文化，包含团队价值观、团队最高目标、团队行为准则、团队管理制度、团队道德风尚等内容和表现形式。团队文化的核心是协同合作，是大局意识、协作精神和服务精神的集中体现。

彰显团队文化的一些常见宣传标语如下：

"没有完美的个人，只有完美的团队。"（第①条）

"同心才能走得更远，同德才能走得更近。"（第②条）

"百川汇海可撼天，众志成城比金坚。"（第③条）

"团队的效率才是真效率。"（第④条）

"没有批评的团结是迁就，缺乏团结的批评是内耗。"（第⑤条）

"培育礼仪员工，创造文明团队。"（第⑥条）

"培养优质素养，提高团队力量！"（第⑦条）

在以团队文化为主导的企业中，第⑤～⑦条标语凸显了管理平台文化及其实践的重要性，经由管理平台职能的发挥才能将团队文化建设从空想转变为实践。

企业成员相互批评、指责与推诿时，会暂时忽略企业的整体目标，只立足于自身的原生性需求和利益考虑问题，管理平台通过发挥协调文化分歧与矛盾的职能，使批评者与被批评者摆脱个人情绪、立足于共同目标、合理提出批评意见与建议，从而避免出现第⑤条中的"缺乏团结的批评"，促进队伍的团结。

培育员工的礼仪和其他优质素养，则与管理平台指挥和指导文化学习、组织和安排文化活动的职能密切相关。精心组织文化培训活动，用心培养员工，及时施加必要的指导，将标语和管理平台文化的言行层面（如培训、指导等行为）乃至制度层面（如将培训员工写入企业用人制度中）

结合起来，方能如第⑥条所言"创造文明团队"，如第⑦条所言"提高团队力量"，培育企业的优质团队文化。

三、质量文化

质量是企业发展的命脉与市场竞争力的保证。企业质量文化是建立在物质基础上，以质量为中心，与质量意识和质量活动密切相关的企业物质活动和精神活动的总和，也是本书第四章与第六章所述的"产品文化"。向外输出的产品与服务的优劣、在企业内开展工作的劳动成果的优劣，是企业质量文化的重要表现形式。

彰显质量文化的一些常见宣传标语如下：

"产量诚可要，质量价更高。"（第①条）

"塑企业形象，创优良品牌。"（第②条）

"以科技为动力，以质量求发展！"（第③条）

"重视产品质量，加强企业管理。"（第④条）

"向质量要市场，向管理要效益。"（第⑤条）

"不良品的出现是技术问题，流出则是管理问题。"（第⑥条）

"确立标准是品质管制的第一步。"（第⑦条）

"工作质量人人把关，产品质量层层把关。"（第⑧条）

"不收不良品，不做不良品，不出不良品。"（第⑨条）

"没有挑剔的客户，只有不完美的产品。"（第⑩条）

"需要理解的是客户，需要改进的是自己。"（第⑪条）

在以质量文化为主导的企业中，第④~⑧条标语将质量与管理平台文化联系起来：其中第⑦条"确立标准"体现了管理平台文化中的管理制度，如在企业内建立质量检测组织、质量标准、质量法规和质量体系等；其余几条则更多体现的是管理行为模式，如"层层把关""不出不良品"（禁止不合格产品流出企业、流入市场）。

四、执行文化

企业执行文化意为关于执行力的企业文化,其核心是把企业战略目标变成现实结果,强调实践而非思考,高效且快速地做出行动。执行文化具有以结果为导向、以责任为载体、以检查为手段、以奖惩为动力的特征。

彰显企业执行文化的一些常见宣传标语如下:

"没有执行力,就没有竞争力。"(第①条)

"合格的员工从严格遵守纪律开始。"(第②条)

"计划不执行,结果等于零。"(第③条)

"没有借口,立即执行,全力以赴。"(第④条)

"一等二看三落空,一想二干三成功。"(第⑤条)

"正确指导+强制执行=管理。"(第⑥条)

"管理就是行动,管理就是树立榜样。"(第⑦条)

"多建管理工程,少建管理模式。"(第⑧条)

"没有措施的管理是空谈的管理,没有检查和计划的管理是空洞的管理。"(第⑨条)

在以执行文化为主导的企业中,管理平台文化的突出特点亦是高效执行,尤其注重管理行为模式层面的表现形式,更少提倡理念层面和制度层面。如第⑥~⑨条标语强调管理必须多行动,多建管理工程,多采取检查、计划、指导、管控、执行等措施。

五、创新文化

创新是知识经济时代的显著标志与必须面对的挑战。企业创新文化是指在一定的社会历史条件下,在创新实践活动本身与创新管理活动中所创造和形成的物质活动和精神活动的总和,旨在培育创新氛围、创新热情与创新能力,可表现为创新价值观、创新准则、创新制度和规范、创新物质文化环境等形式。

彰显创新文化的一些常见宣传标语如下：

"思行业先机，领世界先进。"（第①条）

"唯有创新求变，才能随时领先。"（第②条）

"企业因创新而美好，工作因创新而精彩。"（第③条）

"改变赢市场，创新赢将来。"（第④条）

"今日的创新，明日的市场。"（第⑤条）

"要想不被淘汰，只有跑在前面。"（第⑥条）

"创新谋打破，努力获成功。"（第⑦条）

"科技新时代，创新享未来。"（第⑧条）

"打破旧观念，实现新卓越。"（第⑨条）

"集企业奇思，创经济奇迹。"（第⑩条）

"创新"本意是"抛开旧的，创造新的"，是一个动词，决定了这种文化不能只停留在静态的实体层面、制度层面和口头上，必须通过动态的言行层面或思想层面践行。在以创新文化为主导的企业中，管理平台文化的突出特点是自身管理活动求新求变，同时激励、引导和支持其他平台不断改变，推陈出新。

六、诚信文化

企业诚信文化，是指建立一种真诚、讲信誉的共同观念并依据共同观念开展实践活动的文化。"诚"与"信"均属于道德范畴，继承了我国传统美德；当不诚信行为侵害他人合法权益时便进入法律领域。

彰显诚信文化的一些常见宣传标语如下：

"诚信经营人为本，和谐社会法是根。"（第①条）

"厚德能载物，诚信赢天下。"（第②条）

"坚守道德底线，诚就精彩未来。"（第③条）

"诚信点亮市场，和谐促进繁荣。"（第④条）

"诚德争取用户，信誉开辟市场。"（第⑤条）

"以诚立人，以信兴业。"（第⑥条）

"诚信经营多一点，便利生活美十分。"（第⑦条）

"爱财取有道，诚信为根本。"（第⑧条）

在以诚信文化为主导的企业中，管理平台文化有"诚信经营"（在认识上要以法为据，合法正当经营）、"爱财取有道"（设立营利相关的原则规范、采取正当手段获取利润）等表现形式，涉及管理理念与管理行为模式。

七、工匠文化

企业工匠文化即爱岗敬业文化，核心是务实肯干、坚持不懈、精雕细琢、精益求精的敬业精神。践行工匠文化的结果通常是出精品，因此工匠文化与质量文化也存在关联，只是前者更注重精神理念层面，后者更注重实体结果层面。

彰显工匠文化的一些常见宣传标语如下：

"敬业从心开始，贡献从行出发。"（第①条）

"热爱创造奇迹，努力铸造成功。"（第②条）

"技精于专，做于细；业成于勤，守于挚。"（第③条）

"凡事不问能不能，成功在于肯不肯。"（第④条）

"关注你所专注，放心你所用心。"（第⑤条）

"劳动创造财富，精诚丰收辉煌。"（第⑥条）

"讲职业道德，爱本职工作，树企业形象！"（第⑦条）

"细心、精心、用心，品质永保称心。"（第⑧条）

"累积点滴改进，迈向完美品质。"（第⑨条）

在以工匠文化为主导的企业中，管理平台文化亦表现出专注、高标准、追求品质等精神，在管理过程中更加注重调动员工的积极性与潜能，不断打磨优质的产品和服务。

第六章

对象平台文化

企业文化物联网组建起来后，对象平台得以与用户平台建立联系、进行互动，从而实现自身的文化需求。在企业文化物联网中，对象平台承担着感知信息源的角色和执行企业文化指令的职责，是最终为用户平台执行文化指令并提供文化服务的功能平台。

对象平台文化包括对象平台的需求、需求的实现方式和方法、表现形式等部分。其中，对象平台的内网运行集中体现该平台特征，构成对象平台的核心文化；对象平台与其他平台的互动关系则能够丰富该平台文化，同时也是对象平台文化的有机组成部分。

第一节 对象平台需求

时代在悄然变化，人们的精神世界不断充实，反映到企业中，员工个体的需求也更加丰富多彩、复杂多变。对象平台的需求主要体现为四类，涵盖精神范畴的需求——利公需求、利他需求、利己需求，以及物质范畴的需求——物质需求（即满足生理和生活的需求）。这四类需求与用户平台的利公需求、利他需求、利己需求和物质需求相对应，共同成就了企业整体文化的"多元一体"：用户平台的需求为企业文化物联网中的主导性需求，对象平台与其他三个平台的需求为参与性需求。

企业内部的对象分平台为员工个体，与企业的生存和发展休戚与共；企业外部的对象分平台为文化关联方，与企业的联系较为松散。以下着重阐述对企业发展至关重要的员工个体的四种需求。

一、利公需求

中华优良的道德品质历经几千年的风霜和沉淀，在现代依旧影响并规范着人们的思想和行为；当代社会主义核心价值观中"自由、平等、公正、法治"规范了社会层面的价值取向；那些兼爱众人的精神自然也影响着每一个员工。员工个体对象平台的利公需求是指内心具有遵守道德观念、道德规范、道德情操的强烈愿望以及作为公民积极承担社会责任的追求等。这些愿望与追求因"员工"这一身份的限定而集中体现在从事职业活动的过程中，如员工个体在生产经营实践及文化交流碰触中，积极主动地寻求做人的本质，承担作为公民的责任，努力践行心中的大爱，以整个人类的利益为利益，以国家的发展为发展，以社会的幸福为幸福。

员工个体的利公需求主要分为对待自然和对待社会两部分。自然环境不仅会影响人们的生存环境，也影响着社会经济的发展，具有大爱的个体理所当然地希望自然万物共荣共生。在对待自然方面，员工个体希望自己的工作以及企业的贡献有助于创造和谐的自然环境。例如，员工个体希望自然环境变得更加美好，自然生态保持平衡，生物更具多样性，人与自然和谐共处；期盼人类生活和居住的环境更加适合人类工作和劳动的需要，符合科学、卫生、健康、绿色的要求；无论是作为国家公民还是企业的员工，员工个体都希望能够以自身努力为自然生态的可持续发展贡献一份力量。

在对待社会方面，员工个体的利公需求体现为对于社会繁荣昌盛、世界和平发展的希望。例如，员工个体希望社会经济持续快速发展，人们的生活水平不断提高；希望社会长治久安，人与人之间能够和谐相处，每个人都能平等地对待他人、尊重他人、关心他人，都能真诚沟通以及团结协作，良善的人际关系，使得人与人之间更加包容、更加亲近。因此，在利公需求的推动下，员工个体会自发地通过规范自身行为，坚持心中的道德操守，助力于社会和谐。

企业是社会中的一个主体，多数企业（尤其是以利公需求为主导的企业）能为员工提供为社会做贡献的舞台，成为员工融入社会、实现利公需求的重要载体。员工个体的利公需求凝聚于用户平台主导的企业文化之中，与企业同呼吸、共命运，在企业的发展理念、经营宗旨及员工准则之下得到展现，并且往往"内化于心，固化于制，外化于形"。

二、利他需求

进入企业是人们的一种工作方式和生存方式，人们加入企业便成为其一名员工。每个员工都处于各种社会关系中，除了企业成员的身份之外，员工也是每个家庭、民族及社会的一分子。每个个体均具有各种各样的感情，感情的发生通常需要他者作为载体，在感情发生的各种关系中，个体会做出自愿的、不求报答的助人行为来使特定的人、特定的群体获利，构成个体的利他需求。利他的对象可能是与员工有直接关联的人或群体，如员工所属的家庭、公司、家乡等，也可能是与员工没有直接关联的人或群体，如偏远山区的留守儿童、一些残障人士群体等。员工个体常见的利他需求体现在以下方面：重视亲情，不仅关心自己的家人，还能"老吾老，以及人之老；幼吾幼，以及人之幼"，关爱老幼；眷恋乡土，一心想为家乡百姓增光添彩、做出贡献；挂念社会弱势群体，通过财力或人力支持慈善事业，希望改善弱势群体的生活状况；深切热爱祖国，为祖国感到自豪，不做有损祖国尊严的事情，处处维护祖国的利益；感念企业给自身提供了展示才能、实现价值的机会，从而铭记恩情，自觉维护企业的形象，为企业的发展做贡献；或被企业的利他文化所感召，唤醒了心中的真、善、美情感，愿意关爱他人、帮助他人；等等。

利他需求突出了以"人"为本的思想观念，反映了员工个体与社会中的特定他人、群体或组织的社会联系和情感纽带。以利他需求为主要需求的员工主动将个体价值与企业价值进行关联，用具体行动和成绩回报企业，容易获得他人的尊重和信任，在个体与个体之间或个体与企业之间产生共鸣并凝合为团队力量。

"赠人玫瑰，手有余香。"竭力追求实现利他需求这一主要需求的员工个体，往往也能带动利己需求的实现。当利他需求得到良好的满足时，员工个体因给他人带来了价值而被认同和尊重，从而产生满足感和幸福感，也感受到了自身的价值。

三、利己需求

利己需求体现为，所有人无论职位高低和权力大小，都会有被人尊重以及个人价值得到认可的心理需求。与用户平台相对应，企业内的对象平台也是由具体的个人组成，在利己需求上也有一定的相似性。

员工个体的利己需求集中体现为自我价值实现，进而彰显为自尊在各个层面上的实现。自尊是一种对自己具有价值、拥有做事能力的确信，也是一种对自己值得拥有成功和幸福的确信。自尊是人与生俱来的权利，是自我价值的体现。从来源上讲，自尊一方面来源于自我认可，另一方面来源于社会接纳、尊重并认可自己的能力和价值。从涵盖的层面上讲，员工个体的自尊可包含名、权、利三个层面的意涵。

综上观之，员工个体在企业内的利己需求具体表现如下。一为"名"，指名声、地位：员工因良好工作作风和个人品格而获得同事、上级的尊重和肯定，从而形成良好的名声和评价。如果企业在社会上有良好的知名度和影响力，那么员工作为企业的一部分也可能会获得他人的认可和尊重，社会身份同样是个人价值的体现。二为"权"：一是指员工在企业中作为劳动者所拥有的权利，如人格权、平等权（被平等对待、受到尊重）以及获得劳动报酬、休假等；二是指员工个体在企业内的职权或话语权等权力，也可概括为"影响力"。员工可以正常享受作为劳动者的基本权利，在企业内担任具体职务并能行使相关的职务性权力能够为其增添成就感、荣誉感和自尊感。三为"利"，指个人实质利益的增加带来的心理满足感。员工通过劳动获得合理的工作报酬和其他福利性回报，财富的增加和累积可以满足员工对于财富累积的心理需求。

四、物质需求

物质需求是对象平台上所有员工个体赖以存活的最基本的现实条件，体现为生理和生活方面对物质的需要。人的基本生存活动需要物质作为基础，如衣、食、住、行。在企业中，员工对于基本生存活动的物质需求体现在两个方面：一方面，员工希望企业提供基本的物质条件满足自身机能以及在作为劳动者时可持续工作的"机能"，前者包括食堂、饮水机、宿舍等，后者包括基本的办公用品、劳保用品、绿植、休息室等，以便保障员工基本的生理和工作机能；另一方面，员工希望企业能按时发放薪酬福利（包括固定性薪资、项目奖金和年终奖等）并足额缴纳"五险一金"（养老保险、医疗保险、失业保险、工伤保险、生育保险和住房公积金），以支撑员工基本的日常生活开销，甚至改善生活水平。

通常来说，当物质需求占据主导时，对象平台的文化相应表现为物质文化。员工个体的物质需求得到了满足，他们才会以更好的工作状态为企业创收，从而让企业繁荣发展。不过，随着营商环境的不断优化和人民物质生活水平的不断提高，员工个体从物质中获得的满足感比物质匮乏的时代有所弱化，该需求的满足所产生的激励效果也有所减弱。此时，企业文化作为企业发展的灵魂，显得格外重要。良好的企业文化引导员工个体去关注成就感、氛围、发展、自我价值、社会价值、家国情怀等非物质性因素。

第二节 对象平台需求的实现方式

文化具有多样性和复杂性，员工个体的需求重点与用户平台的需求重点可能是一致的，也可能相互冲突。通常情况下，企业员工文化与企业整体文化部分一致。而在较少数的极端情况下，企业员工文化与企业整体文化完全一致或完全背离。这种文化部分一致或在碰撞后协同一致、文化完全统一的状态，有利于员工个体与企业整体协调发展，成就可持续性的企业文化生态。

对象平台在参与企业文化物联网的过程中实现自身的文化需求，在企业文化物联网用户平台的主导下发挥自身职能，在配合既定实现方式的基础上权衡自身需求的实现程度，即对象平台需求的实现方式亦分为主网、次网和边缘网，但决定其重要性和地位的是用户平台而非对象平台。一般情况下，用户平台和对象平台的主要需求一致时所采用的实现方式，形成企业文化物联网的主网。但由于文化的复杂性，需求的满足方式也因此变得多样，即用户平台和对象平台的需求本不一致，却能在管理平台的沟通和协调下逐渐和谐共存，从而形成主网。以下对对象平台需求在企业文化物联网主网中的实现方式进行说明。

一、利公需求的实现方式

对象平台怀有利公需求时，可参与利公需求、利他需求、利己需求或物质需求主导的企业文化物联网。用户平台分别以利公需求、利他需求、利己需求及物质需求为主要需求，对象平台的主要需求——利公需求分别与之进行交互，可组成4种子网，如图6-1所示。

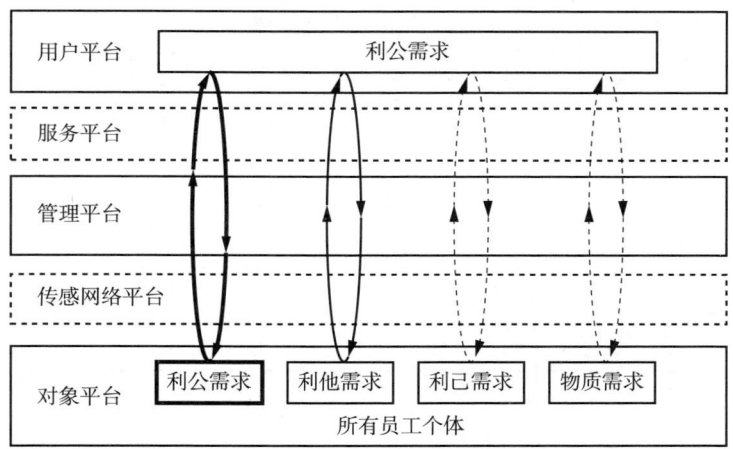

(a) 员工对象平台主要需求——利公需求的实现方式1（"利公—利公"）

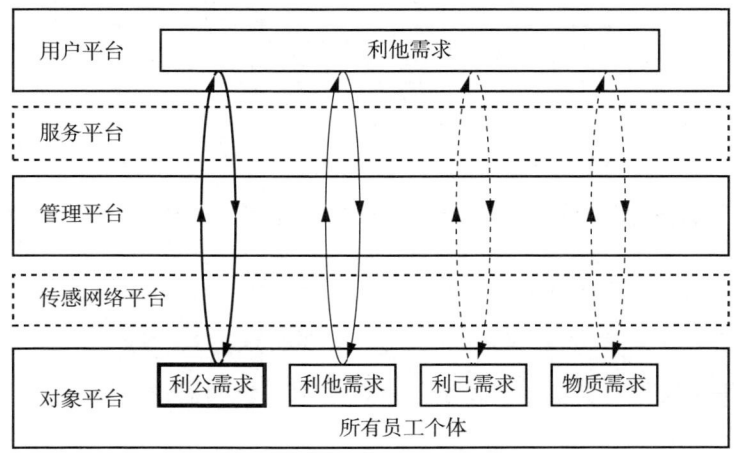

(b) 员工对象平台主要需求——利公需求的实现方式2（"利他—利公"）

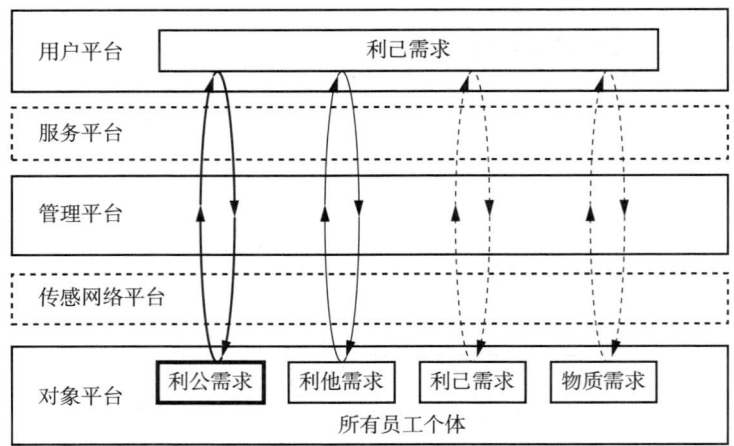

(c) 员工对象平台主要需求——利公需求的实现方式3("利己—利公")

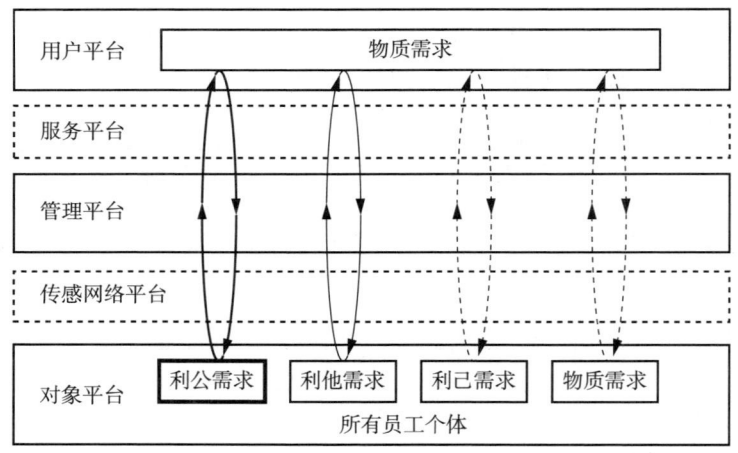

(d) 员工对象平台主要需求——利公需求的实现方式4("物质—利公")

图 6-1　企业文化物联网中员工对象平台的主要需求——利公需求的实现方式[①]

在企业文化物联网中,对象平台的利公需求有多种实现方式。一般情况下,图 6-1(a)所示的实现方式为主要实现方式,即主网,对象平台所思所想、所作所为都基于与用户平台基本一致的需求,因此文化上存在

---

① 图 6-1 至图 6-4 中的对象平台需求,粗线框为讨论对象(代表"主要需求"),其他需求不做讨论(未区分次要需求和边缘需求)。

共鸣，容易得到用户平台和管理平台的认可与支持。

当用户平台的主要需求是利公以外的其他三种需求时，在管理平台的沟通和协调下，对象平台依然能够秉承利公需求这一主要需求参与企业文化，形成"利他—利公""利己—利公""物质—利公"分别组合而成的实现方式。只是这三种方式未必是主网，也可能是次网或边缘网，其重要性视具体情况而定。图6-1（b）所示的"利他—利公"实现方式是在特殊情况下也成为主网的情况[1]，即利公的实现常常基于特定的对象，因此对象平台的利公需求可以通过企业利他需求的实现进而获得满足，例如，企业带领员工对部分弱势群体进行捐赠、慰问，也有助于形成人人友爱、互助的社会，实现对象平台的利公需求。图6-1（c）所示的"利己—利公"实现方式是指：当用户平台以利己需求为主要需求时，致力于使企业获得社会的尊重、认可和正面评价以及提升形象，此时也会允许对象平台以利公需求为主要需求，协助企业获取名、权、利。图6-1（d）所示的"物质—利公"实现方式是指：用户平台对物质的追求意味着推动企业产品质量和销量的提升、经济效益增加，使企业产品的受众面更广、为更多的人带来便利，在这一点上不排斥员工个体以"大爱"为处世原则；而员工个体希望人人都有美好生活的愿景，也可以通过企业产品的推广、普及来部分实现。

二、利他需求的实现方式

对象平台怀有利他需求时，同样可参与利公需求、利他需求、利己需求或物质需求主导的企业文化物联网。对象平台的主要需求——利他需求分别与用户平台的利公需求、利他需求、利己需求及物质需求进行交互，可组成4种子网，如图6-2所示。

---

[1] 图6-2（b）~（d）、图6-3（b）~（d）、图6-4（b）~（d）讨论的均是这些实现方式在特定情况下成为主网的情况。

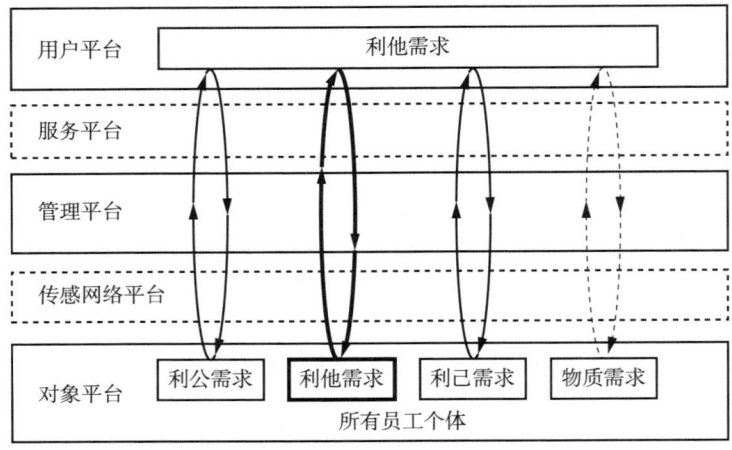

(a) 员工对象平台主要需求——利他需求的实现方式1("利他—利他")

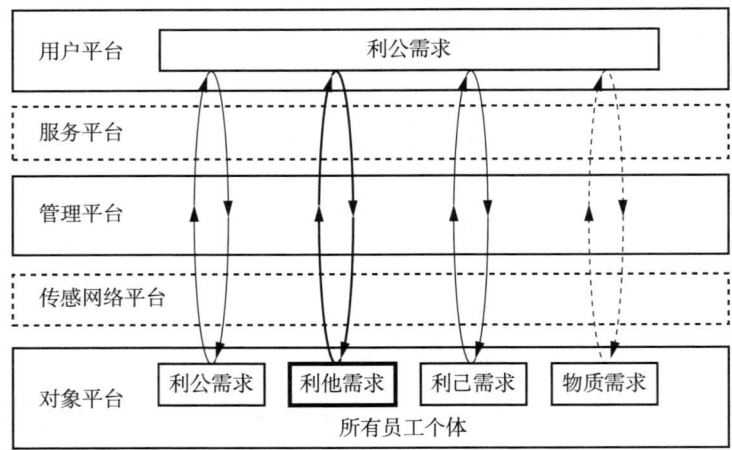

(b) 员工对象平台主要需求——利他需求的实现方式2("利公—利他")

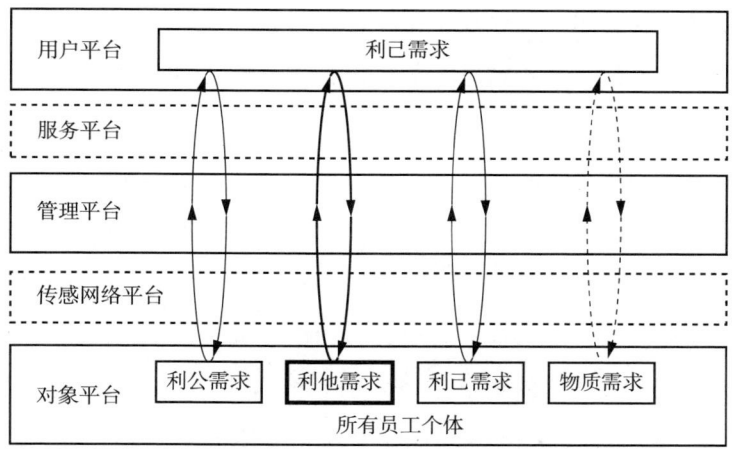

(c) 员工对象平台主要需求——利他需求的实现方式3（"利己—利他"）

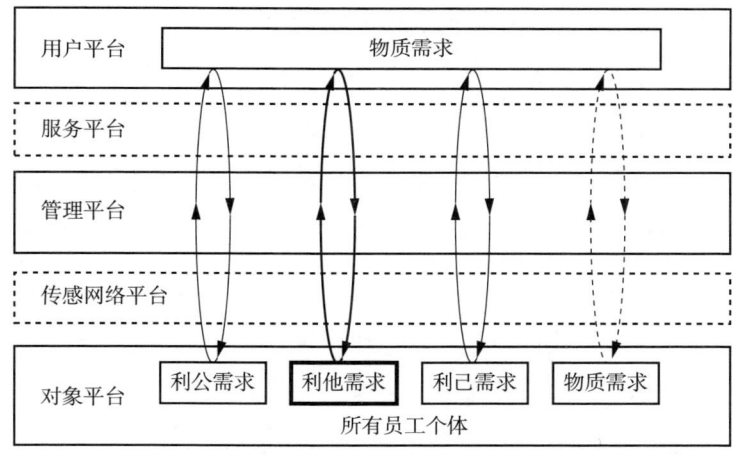

(d) 员工对象平台主要需求——利他需求的实现方式4（"物质—利他"）

图6-2 企业文化物联网中员工对象平台的主要需求——利他需求的实现方式

如图6-2（a）所示，用户平台和对象平台同时以利他需求为主要需求时形成一般情况的主网，此时企业整体以特定群体、特定个体的利益为先。用户平台感知到对象平台的利他需求，对象平台也接收到用户对于利他的指令和愿景，一致利他可以获得更好的运行效果。在企业内部，各平台之间互为对方考虑，易形成企业内和谐的工作氛围和团结一致的凝聚力；在企业外部，用户和对象一致优先考虑消费者等群体的利益，一定程度上保证了企业的产品和服务质量、企业的信誉度和社会评价，有利于企业和员工个体的良性发展。

对象平台利他需求的其他三种实现方式为"利公—利他""利己—利他""物质—利他"，对象平台希望这些方式也能成为主网，在整个企业文化物联网中运行。图6-2（b）所示的"利公—利他"实现方式是指："大公无私"型企业文化能够向下兼容具有利他需求的员工个体，甚至带领员工个体走向利公道路，使得员工个体的利他需求在一定程度上得到实现。图6-2（c）所示的"利己—利他"实现方式是指：员工个体在企业内部以其他平台的利益为先，正好契合用户平台的主要需求——利己需求，致力于通过个体的努力增强企业的名声和影响力，在满足用户平台需求的同时也促成自身需求的满足；对于企业外部的特定群体，用户平台感知到对象平台的利他需求，通过做慈善、举办交流论坛、共享资源等利他举措实现企业的名、权、利，而对象感知到用户希望"受人尊重"的愿景，通过维护客户、消费者权益等利他举动为企业树立正面形象。图6-2（d）所示的"物质—利他"实现方式是指：企业以物质需求为先、追求产品质量和销量的提升，可以让更多客户、消费者选择其产品，为这些群体带来便利，员工个体的利他需求由此得以实现。

三、利己需求的实现方式

对象平台利己需求同样有4种实现方式，可与以任一需求为主要需求的用户平台组成企业文化物联网，如图6-3所示。

图6-3（a）所示的"利己—利己"实现方式是指：用户追求外界的尊重，员工作为企业的一分子，可以作为个体享受企业整体获得的名、权、利，从而获得尊重、实现自我价值。

第六章 对象平台文化

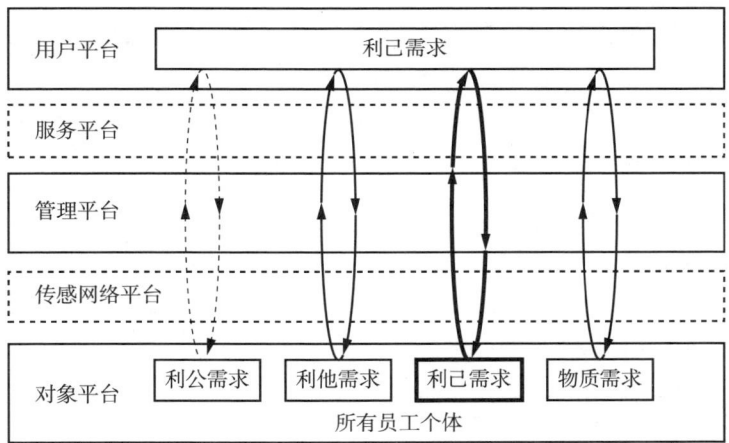

（a）员工对象平台主要需求——利己需求的实现方式1（"利己—利己"）

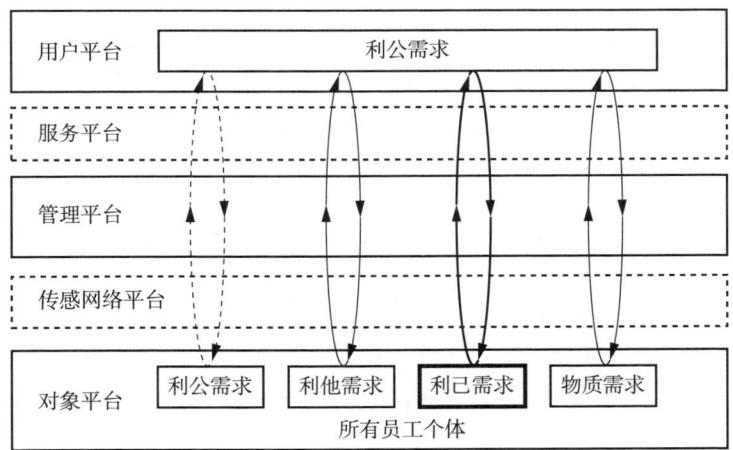

（b）员工对象平台主要需求——利己需求的实现方式2（"利公—利己"）

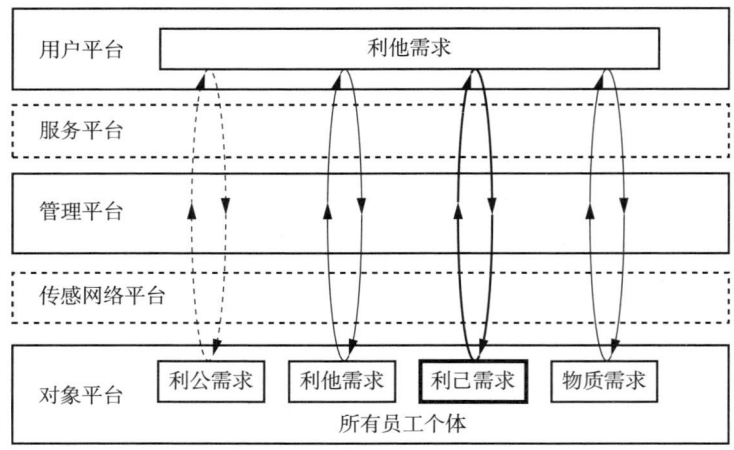

（c）员工对象平台主要需求——利己需求的实现方式3（"利他—利己"）

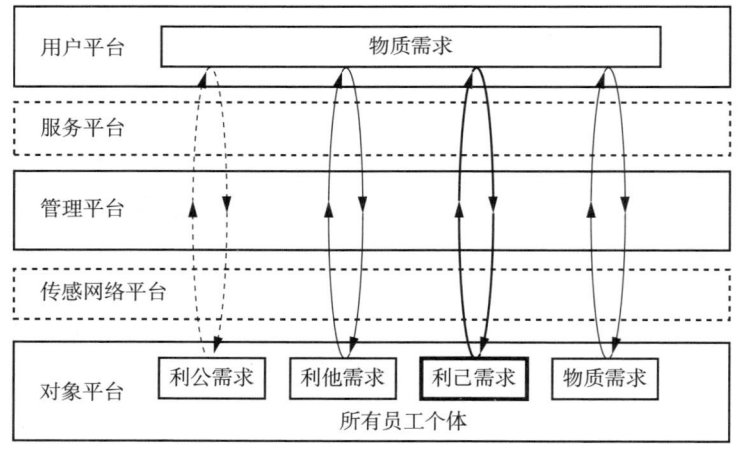

（d）员工对象平台主要需求——利己需求的实现方式4（"物质—利己"）

图6-3　企业文化物联网中员工对象平台的主要需求——利己需求的实现方式

图6-3（b）所示的"利公—利己"实现方式是指：在企业文化物联网中，员工个体可以通过付出"大爱"的方式实现自我价值，例如，员工遵循"爱国、敬业、诚信、友善"的公民价值准则，借由平等友好地对待所有人的行为，可能会使企业和员工获得更好的名声和社会影响力，此时用户平台的利公需求和员工个体的利己需求可以兼容。

图6-3（c）所示的"利他—利己"实现方式相较于一般情况的主要实现方式（"利己—利己"），运行得更为融洽，但整体效率和效能不高。当用户平台以利他需求为主要需求时，会在企业中以员工的利益为先，通过对员工的绩效激励、工作成果表彰等方法来促进员工的发展，增强员工的幸福感和获得感；员工个体的利己需求可以更好地通过服务于无私利他的用户平台来实现，并且其工作行为容易得到用户平台的支持和鼓励。

图6-3（d）所示的"物质—利己"实现方式是指：用户平台以物质需求为主要需求时，员工个体的利己需求可以通过为用户平台创造更大的物质利益来实现，例如，追求更高的职位以得到更高的薪酬福利，从而实现自身对于财富积累带来的满足感，以及获取打响好名声、提高社会地位的机会，同时也用更高的职位、更大的责任带动企业创造经济价值，回报企业的栽培。

四、物质需求的实现方式

对象平台的物质需求能够在如图6-4所示的4种子物联网中运行，从而得到实现。

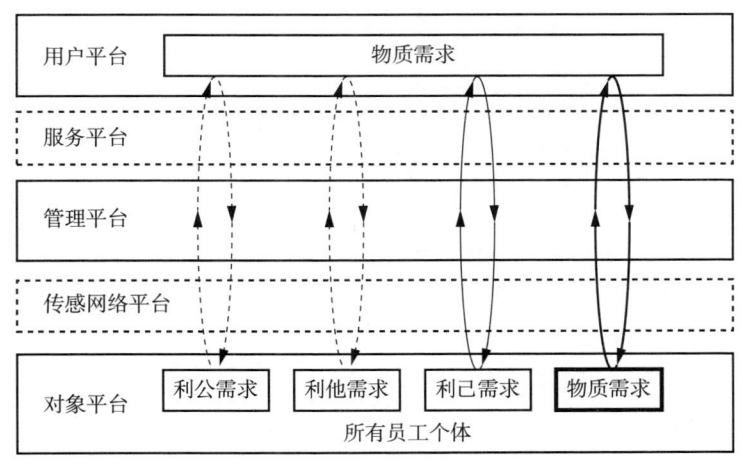

（a）员工对象平台主要需求——物质需求的实现方式1（"物质—物质"）

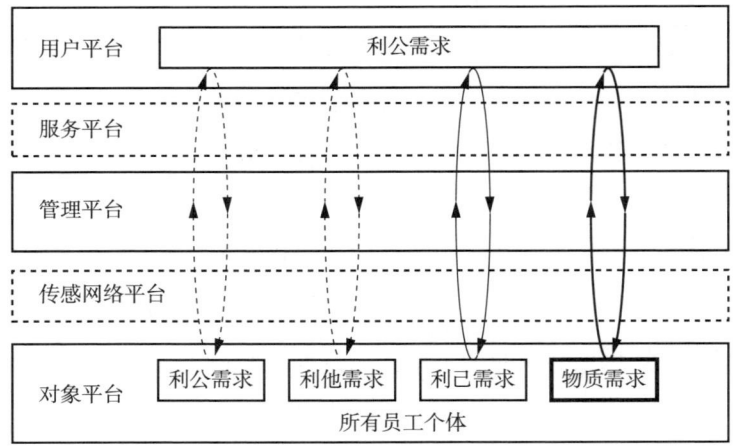

(b）员工对象平台主要需求——物质需求的实现方式2（"利公—物质"）

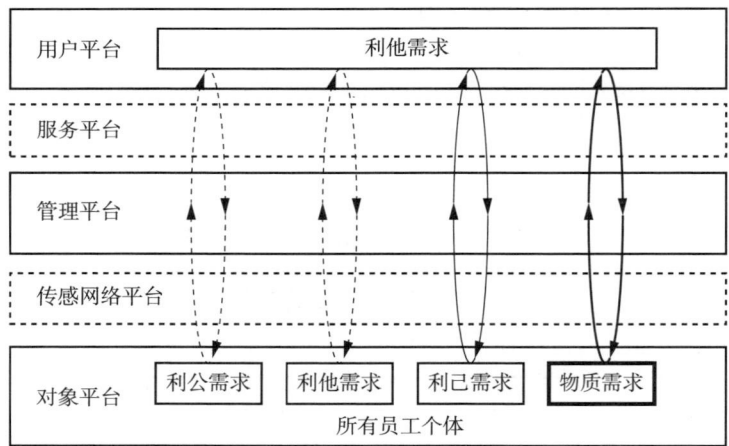

(c）员工对象平台主要需求——物质需求的实现方式3（"利他—物质"）

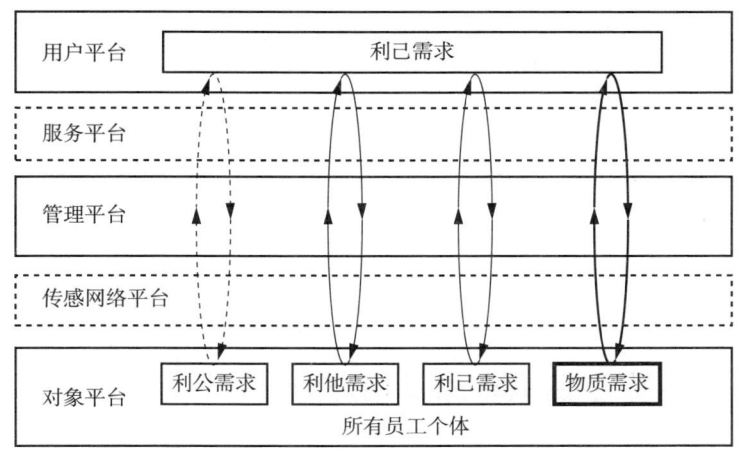

（d）员工对象平台主要需求——物质需求的实现方式4（"利己—物质"）

图6-4 企业文化物联网中员工对象平台的主要需求——物质需求的实现方式

如图6-4（a）所示，当用户平台以物质需求为主要需求时，同样优先追求物质的对象平台与之组建的物联网是企业物质文化物联网的主网之一，运行效率相当高。企业上下以经济效益提升为一致目标，企业对外战斗力较强。

图6-4（b）所示的"利公—物质"实现方式是指：当用户平台以利公需求为主时，倡导平等关爱众人，对象平台通过"利公"的行为不仅可以满足用户的需求，还可以获得同事和上级的尊重，增加升职加薪的机会。

图6-4（c）所示的"利他—物质"实现方式是指：当用户平台以利他需求为主时，会优先考虑员工的需求是否实现，若此时员工以物质需求为主，则用户平台会更加注重保障员工福利。

图6-4（d）所示的"利己—物质"实现方式是指：当用户平台的主要需求为利己需求时，员工坚守工作职责，确保工作成果交付的质量，可以提升自身的工作效率和技能，员工提供的优良产品与服务也有利于树立企业的品牌形象，进而有助于增强企业的经济效益，增加员工薪酬福利水平提升的可能性。

第三节 对象平台需求的实现方法

对象平台的员工个体既能通过进入企业工作直接追求个人目标的实现,也能借助企业积累生存和发展的资源,从而间接在其他场合追求个人目标的实现。对象平台是旨在实现物联网企业文化感知和控制效果的平台,是为全体员工提供文化服务的基础。

企业文化物联网各平台之间存在密切的信息交互,对象平台文化在用户平台文化的主导下进行信息运行,既作用于对象平台上的员工个体,又可以直接或间接体现用户平台文化。企业文化物联网五个平台的内部也存在信息交互关系,可以形成内闭环,员工良好的自我运营能力也可以辅助企业文化物联网实现良好的运行。

因此,对象平台文化的信息运行包含三种:对象平台参与的大闭环信息运行、对象平台控制的小闭环信息运行以及对象平台内闭环信息运行。

一、对象平台参与的大闭环信息运行

企业文化物联网中的大闭环即用户平台控制的信息运行闭环,用户平台对所有员工个体(对象平台)的文化感知信息进行判断与决策,并根据自身的文化需求发出控制信息使对象为其提供服务。大闭环信息运行是实

现对象为用户服务的一种最基本、最完整的信息运行方式,由用户平台、服务平台、管理平台、传感网络平台和对象平台共同参与。

用户平台与对象平台均能以丰富的需求进入企业文化物联网,其实现方式已在本章第二节——阐明,此处仅以两个平台均以利己需求为主要需求并形成主网的情况为例,阐明对象平台的需求实现方法,即如何进行信息运行。利己需求的实现对员工自身以及企业具有重要意义。对于员工来说,利己需求的实现意味着获得了一定的名、权、利,使得员工更有工作干劲,能以良好的心态和精神面貌积极地投入工作中,提升工作效率和技能,实现自我的发展和超越,并进入良性发展循环。同时,员工实现利己需求有助于员工产生集体荣誉感,形成企业内部凝聚力,构建和谐的职场人际环境和积极向上的工作氛围,为企业创造更大的经济效益,实现员工和企业间的"双赢"。若员工个体的利己需求被忽略,很可能会对员工的心理健康造成不良影响,如影响员工的精神状态、工作效率和人际关系。

在利己需求主导的企业文化物联网中,大闭环信息运行过程如下。员工个体感知到用户平台的利己需求,结合个人职责、个人职业发展规划以及个体的利己需求等信息,汇集整合为员工感知信息,对象平台感知信息的外部来源包括员工的岗位职责要求、部门氛围、社会关系中他人的期待等,内部来源则包括员工过往的学习经历、工作经历、个人职业发展规划等;感知信息经由传感网络平台传输和整合后传达至管理平台;管理平台接收、筛选、整合员工个体利己需求的主要内容——对于名、权、利的渴望,再将信息传输至服务平台,并由服务平台将员工感知信息提供给用户平台。随后,用户平台对现有感知信息作出决策响应并将其利己需求融入其中,最终以控制信息的形式经由服务平台传输至管理平台;管理平台对控制信息进行汇总、整合与分析,通过传感网络平台把企业对名、权、利层面的追求传达给各部门和各个员工,并建立相关的规章制度对员工的行为进行规范,促进企业利己文化的实现。

对象平台与用户平台之间，经由传感网络平台、管理平台和服务平台进行双向通信，对象平台发挥感知与执行控制的职能，既能够表达自身的需求，也在用户平台制定的规则以及管理平台实施的统筹下完成任务，从而在实现用户平台利己需求的前提下使自身需求得到满足。

利己需求可细化为对名、权、利的需求，因此利己需求主导的企业文化物联网的运行可具体分为名、权、利分别主导的企业文化物联网的运行。对象平台均参与到这些文化物联网中，在参与过程中寻求需求的实现。

（一）对象平台参与的名的需求主导的企业文化物联网的运行

在以名的需求为主要需求的企业文化物联网中，感知信息的运行过程是对象平台中的员工个体将对名誉的感知信息传输给用户平台的过程。其感知的信息内容主要是员工个体追求作为企业的一分子所获得的名誉，包括员工通过劳动实现个人价值所获得的名誉、企业内其他同事的认可，社会上其他人对员工的工作身份的认同，乃至上级或亲属对员工所从事工作产生的期待或要求，等等。企业支持员工获得个人声誉，有利于提升员工的工作积极性和自我素质，也有利于形成企业内部奋发向上的良好氛围。

以名的需求为内容的感知信息在用户域上转化为控制信息。用户平台结合企业经营目标、自身需求以及员工的个人追求，将该综合内容以控制信息的形式发出，如用户平台对企业的社会名望、荣誉等的追求；并授权管理平台发挥其分析统筹功能，将用户平台追求声誉的控制信息细化为员工可执行的具体措施，例如，有针对性地制定相关激励与宣传措施引导员工前进，再通过传感网络平台传达给所有员工个体，推动所有员工积极作为。如此，企业的整体声望有所提升，对象平台中员工个体的名声往往也能水涨船高。

（二）对象平台参与的权的需求主导的企业文化物联网的运行

本章第一节已提及员工个体在企业内对"权"的需求主要体现为各方

面的权利和权力（影响力）。员工一方面追求自己作为劳动者被平等对待和尊重的权利，另一方面也可能追求获得企业内部影响他人或环境的能力。感知信息的运行过程是对象平台中的员工个体将对权利和影响力的感知信息传输给用户平台的过程。在具体的信息运行过程中，对象平台将对权的追求经由传感网络平台层层传输至用户平台。

不同于员工个体较为具体和细致的权的需求，用户平台所代表的企业整体对权的需求更侧重于企业而非个人的社会话语权和影响力。用户平台将对企业话语权和影响力的需求与员工的职权范围和合法权益等相结合，以控制信息的形式层层传输至对象平台：要求企业中各个平台将"做有影响力的企业"的规划内化于心，通过规范自身的言行、提升工作效率和能力为自身和企业创造价值；授权管理平台通过完善企业规章制度保障员工作为劳动者的基本权利、完善企业内部的晋升路径和激励规则、确保分工合理和职责明确，从而使不同岗位、不同层级的员工行使职权范围内的权力，激发员工的工作动力，避免权力的滥用。

（三）对象平台参与的利的需求主导的企业文化物联网的运行

作为劳动者，员工个体对"利"的追求主要指其通过劳动换取合理报酬后产生的心理上的满足感和成就感，即个人财富带来的精神愉悦。同时，员工作为企业的一分子，也会追求集体荣誉感，即共同完成集体目标、达成集体利益所带来的满足感。

感知信息的运行过程是对象平台将对个人、集体利益的感知信息传输给用户平台的过程：所有员工个体将关于个人利益（如员工对于薪酬、奖金和绩效等物质利益增长的期待）、集体利益的感知信息通过传感网络平台传输至管理平台，管理平台再将汇总的感知信息与员工业绩目标、公司利润目标等进行对比，进行整合后经由服务平台传输至用户平台，以供用户平台进一步完善对员工的管理和激励制度。

用户平台将对个人利益、集体利益的感知信息转换成控制信息的形式，并通过服务平台传输至管理平台；管理平台结合企业目前的运营情况设定企业发展目标，以保障企业整体效益为前提，保障分配给员工合理的报酬额度，制定相关切实可行的发展措施；管理平台再将控制信息通过传感网络平台传输至对象平台，由所有员工个体共同执行。完成控制信息的运行过程，有利于控制合理的利益回报、营造和谐的工作氛围，从而加大员工对工作的投入力度和对企业的忠诚度；反之，不公平的待遇可能会导致员工士气低下，不利于留住人才。

二、对象平台控制的小闭环信息运行

对象平台控制的信息运行闭环是整个企业文化物联网中的信息运行方式之一，是在用户平台的授权下采用的灵活闭环。

该闭环的具体运行过程为：企业内部文化物联网组建完成之后，对象平台内的对象域能够对信息源做出感知，并从信息源处接收信息；对象平台有能力对信息做出判断与处理，进而转化为对象控制信息，并执行相应的指令，最终实现对信息源的直接控制。例如，员工在工作中对接客户，感知并分析客户的具体需求并制订合适的方案，进而在合作中通过具体的行动满足客户的需求，同时对客户输出并宣传企业文化。

三、对象平台内闭环信息运行

在特定的应用场景和需求下，对象自主感知控制的信息会实现运行闭环，即对象平台文化在员工个体之间的传播。对象平台以用户实际需求为根本依据，能够在内部独立完成感知和控制，进行自我管理，达到为企业整体文化服务的目的。

对象平台内闭环的运行过程为：员工感知到企业发展文化的需求或接收到相关指令，在平台内部进行学习、吸收和消化，逐渐转化为自身的文化并指导自身的思维方式和行动。例如，员工个体通过感知企业文化和工作氛围、学习并执行企业制度流程，逐渐内化为自己对文化的理解与行动，而后逐步形成员工习惯，作用于相应的工作任务。通过观察工作结果，员工个体会进一步纠正自己的思维习惯或对企业文化氛围是否适合自身开展工作进行评估，向其他平台做出反馈。

由于企业各部门的业务性质存在差异、业务规范也不尽相同，因此不同部门的员工对同一企业文化的理解和实践具有差异性。例如，财务部门的员工在工作中通常更加关注细节，强调程序，做事严谨，其内闭环的运行过程便是在强化这一文化特征；市场部门的员工则倾向于以结果为导向，工作方式、时间和地点也更加灵活，其内闭环的运行过程也相应地强化这一文化特征。

第四节 对象平台文化的表现形式

各种需求的实现在企业中有不同的表现形式,用户平台根据自身文化需求,主导该物联网的组建并掌控其运行,对象平台根据自身需求参与物联网运行,对用户平台的指令进行具体落实,主要包括实物层面和行为风范层面,例如:①实物层面,包括设计并制造文化设施、文化标识、品牌宣传品(广告语、广告片、出版物、媒体稿件、商标、宣传片、宣传手册)、象征物等可视化的实物;②行为风范层面,包括文化活动(文化沙龙、演讲、知识竞答等比赛、外拓团建、分享交流会)、文化仪式、员工日常行为表现、培训考核等。以下对对象平台中各文化需求中的表现形式进行举例说明。

一、利公需求的表现形式

(一)人与自然

以利公需求中的绿色文化为例,绿色文化以保护环境、节约资源为核心,对象平台依据用户平台对于开展绿色文化的指示和要求,遵守环保管理制度,将环保理念通过自身行为贯彻到实处;员工在公司内自觉控制音量,以免形成噪声影响他人,在工作中保持个人工位整洁,定时轮流清扫公共区域；节约用纸、节约用电、节约用水；对公司的树木、花卉、盆栽等绿化环境进行定期管理；生产部门的员工对生产废水、废渣进行回收和再利用，对环保设备进行管理、维护和保养，并做好设备运行记录；专业技术人员研究并运用清洁生产技术，使用可再生材料设计环保产品；定期参与绿色环保的学习讲座，配合公司的环保检查；宣传部门制作绿色环保宣传视频并组织员工观看等。

（二）人与社会（仁义文化）

以利公需求的仁义文化为例，仁义文化追求"大爱无私"，善待众人，造福社会。对象平台将用户平台的利公需求落到实处，作为社会公民，员工坚守道德底线，遵纪守法，履行好在家庭、工作中的职责和义务，领悟并践行"仁义"。在企业内部，员工在做好本职工作之余支持、配合其他部门同事的工作，遵守规章制度，以礼平等待人，不争功劳，光明磊落，营造和谐的工作氛围；员工个体爱岗敬业，保证工作成果交付的质量，确保可以向消费者提供合格的产品和服务，不损害消费者利益；在各类捐赠活动中，员工根据实际情况奉献爱心，支持公益事业。

二、利他需求的表现形式

（一）廉洁文化

以利他需求的廉政文化为例，廉政文化的核心理念是廉洁、自律，对象平台根据用户平台的指示开展廉政文化建设，营造风清气正的企业生态，具体行为包括：全体员工遵守企业各项规章制度，严于律己，坚守自身的职责，不贪污受贿，自觉接受监督，净化工作圈和生活圈；主动参与廉政文化的学习，包括最新的政府廉政政策、理论和法律法规的学习；主动参与廉政文化建设的有关活动，如演讲、知识竞赛、经验交流会；签订廉政承诺书；将宣传部门设计并制作廉政文化的宣传品，如宣传海报、宣传板，放置于公司的公共区域，在微信公众号或公司官网上定期发表公司廉政文化建设进程的文章或视频。

（二）象性文化

象性文化以人为本、尊重人才发展与工作氛围的和谐，是利他需求在企业中的代表性文化之一。用户平台尊重公司员工的发展，重视人才。在象性文化的物联网运行中，强调感知信息的作用，对象平台可以发挥较多的主观能动性，积极参与公司人才队伍的建设与和谐氛围的营造：组织部门定期为员工开展职业技能培训和各类专业知识讲座，员工积极参与并做好心得记录与分享；部门负责人定期与部门员工进行对话，交流分享工作经验、个人发展规划以及对公司的发展建议，组织部门同事对生活有困难的员工进行帮助；员工严于律己，不断优化自身的工作能力，维护和谐的工作环境，积极参与公司组织的评奖评优活动并分享经验，发挥榜样的力量；员工参与公司的各项利于维护团结的活动，如年会、团建、新年茶话会、文化沙龙等，加强同事间的联结，巩固企业的形象。

三、利己需求的表现形式

（一）品牌文化

品牌文化是企业利己文化的体现，企业发展品牌文化致力于获得良好的社会名声、增强话语权。在企业品牌文化塑造方面，对象平台作为最基础的传播者，承担起巩固和强化企业品牌形象的职责，具体表现包括：公关、宣传部门制作企业品牌宣传片、广告海报等宣传品，投放于地铁、公交车站等公共场合，或赞助电视节目获得公开宣传的广告机会、与媒体合作，发布企业品牌宣传新闻稿件、运营企业微信公众号和官网、设计具有企业特征的标识、象征物（吉祥物）及其文创产品并运用于各类宣传品或在活动中发放；相关部门策划并接待不同组织在企业中的参观、文化交流，准确地对企业文化和品牌进行输出，作为公司代表参加行业会议并发言；全体员工在工作之余宣传企业文化，维护企业形象。

(二) 产品文化

产品文化是指企业以产品为核心，形成的重视产品品质、追求产品质量提升、不断追求卓越的企业文化。企业通过向社会消费群体提供优质的产品和服务，赢得良好的消费者回馈和口碑，进而有助于扩大产品销量，提升企业经济效益，扩大市场份额。对象平台的员工个体是产品制造、检验、销售的最直接参与者，对于产品质量的把控起着至关重要的作用，具体表现包括：生产部门严格遵守产品制造流程，确保生产环境、设备设施等符合生产制造的标准；质量管理部门对每件产品按出品标准严格筛查，确保产品细节合格，及时反馈产品问题；市场部门熟练掌握各项产品的性能和特点，在与客户沟通的过程中使客户形成对产品的深刻印象；宣传部门重视策划产品相关的营销活动，以生动形象的视频或图文对产品进行介绍并推广。

四、物质需求的表现形式

(一) 狼性文化

以利己文化中的狼性文化为例，狼性文化包含弱肉强食的竞争思维，强调通过冒险、革新以实现经济效益增加、公司生产规模扩张的目的，企业发展以利益为导向。狼性文化的物联网运行强调控制信息的作用，对象平台感知信息被弱化，表明用户平台中领导、上级的话语权较大，员工多为遵守与执行指令，个体性容易被忽视；员工按照上级和领导的指示完成工作，以集体利益为导向，分工明确，不越权办事，追求高效，不安于现状，具备进攻和奋斗精神；战略部门时刻关注行业信息，包括价格变动、竞争者动态等，及时作出战略规划，捕捉投资机会；市场部门的员工捕捉一切机会拓展客户渠道，扩张市场。同时，由于狼性文化中强调物质收益，忽略精神需求，可能会使员工对于管理者缺乏情感联结和信任。

(二) 鹰性文化

在物质需求方面，代表性的企业文化有鹰性文化，强调通过竞争实现业绩目标，对象平台的员工个体的鹰性文化体现于以极大的热情和积极性投入工作，提升工作效率，实现业绩目标并追求进步；研发和生产部门员工研发更高性能的生产设备，优化生产流程，提升生产效率和产品质量；市场部门员工探索更多的客户渠道并与客户建立良好、持久的合作关系，以客户需求为中心，致力于订单量的增加；宣传部门、公关部门持续对企业品牌形象进行维护和宣传，扩大企业品牌的社会影响力，增强用户黏性和信任度，为企业提高业绩提供外部支撑。

第七章 服务平台与传感网络平台文化

服务平台文化与传感网络平台文化都是基于通信需求所产生的文化。服务平台的需求与内网运行彰显该平台特征，构成服务平台的核心文化；服务平台与其他平台的互动关系则丰富了服务平台文化，同时也是服务平台文化的有机组成部分。同理，传感网络平台的需求和内网运行及其与其他平台的互动关系，共同构成传感网络平台文化。

第一节 服务平台与传感网络平台需求

企业文化物联网中信息传输的重要作用不言而喻：文化的形成非一朝一夕之功，需要日积月累的信息交互。共性信息从群体中逐渐凝聚、提炼出来再慢慢渗透进群体之中，如此循环往复，文化认同才能不断加深，文化影响才能不断扩散。企业文化物联网中的服务平台与传感网络平台正是运载丰富的过程信息并协助平台之间产生连接的中间通信桥梁，辅助用户平台、管理平台调节与控制物联网，以达至物联网结构的完备性和信息运行的有效性。

由于用户平台对外释放信息的时间、频率并不固定，加之表达的需求、关于文化的纲领性指示等信息有时比较模糊，用户平台需要中间通信桥梁做出简单的组织、整理以及整合再将其信息发布出去，方便管理平台接收、理解与执行。多级、多类管理主体所反馈的感知信息容量较大，并且信息的重要程度与紧急程度均不同，不便于用户平台一一接收，因此管理平台也需要中间通信桥梁对这些信息进行简单的鉴别、筛选、区分优先级和汇总等处理。用户平台与管理平台共同激发中间通信桥梁产生职务性需求——通信服务需求，服务平台由此形成。

管理主体所下达的统合性较强的信息指令与对象平台想接收的可操作性较强的工作任务信息之间，也需要能够协助转换的中间通信桥梁，从而激发该中间通信桥梁产生职务性需求——传感通信需求，传感网络平台由此形成。

服务平台与传感网络平台带着各自的职务性需求运行，以期在满足物联网的要求下同时实现自身的需求。

第二节 服务平台与传感网络平台需求的实现方式

服务平台将需求融入物联网的运行中,通过自身对用户平台和管理平台的功能表现获得需求的实现。换言之,服务平台需求的实现方式即充分发挥其通信服务的职能,连接用户平台与管理平台:将用户平台的需求信息与管控指令信息传递到管理平台,使用户平台的各种信息得到清晰的传达和践行;将管理平台的感知信息向上传递给用户平台以便作为决策基础,促进信息的快速、有效交互。

与服务平台相似,传感网络平台需求的实现方式也是参与到用户平台需求主导的企业文化物联网中,充分发挥其传感通信职能,连接管理平台与对象平台,协助管理平台进行文化管理,将管理平台的指令传递到对象平台,并且将对象平台的感知信息汇集整合并向上传递给管理平台。

第三节 服务平台与传感网络平台需求的实现方法

与其他各平台一样,每种实现方式(方法论)都包含丰富的实现方法,并且每种实现方法都以信息运行这一共性及区别化措施这一特性显现出来。

一、服务平台与传感网络平台的信息运行

(一)平台之间的小闭环与大闭环信息运行

1. 企业内部信息运行

优质的信息通信是管理工作成功的必备要素,也是整个企业文化物联网有效运行的重要条件。在服务平台直接参与的信息运行方式中,由服务平台控制(用户平台只是授权,不直接进行控制)的信息运行闭环为"小闭环";同理,在传感网络平台直接参与的信息运行方式中,由服务平台、管理平台或传感网络平台控制的信息运行闭环均为"小闭环",采用何种信息运行方式取决于该平台被授权的程度和信息的复杂程度等。

作为中间通信桥梁的服务平台和传感网络平台,通常担任其上一平台的授权代理人或发声平台。服务平台处于用户平台与管理平台之间,其物

理实体通常是专门承担通信服务职责的人员，直接服务于用户平台，并进行上传下达；传感网络平台则处于管理平台与对象平台之间，协助管理平台开展工作，也要进行上传下达。两者在向企业内部传递文化时，无论采取何种信息运行方式，都必须站在上一平台的角度表达和发布信息，执行上一平台的文化指令，并对上一平台负责。两者的言行均不只是个人行为，更是一种职务行为，传达着企业对文化的相关认识和决定。

2. 向外部传播文化

服务平台和传感网络平台的担任者都可以通过言行、礼仪、形象等对外展示企业文化，但是这两个平台展示文化的机会与频率存在差异。服务平台在企业文化物联网中的位置更接近用户平台，能够比其他平台更早接收到用户平台的需求和对企业文化的总体设想。同时，服务平台常常成为用户平台与他人维持联系的媒介，其作为企业文化输出平台的功能较传感网络平台更为显著，与企业中其他成员、外部的文化关联方或其他人员也有更多接触。这就使得服务平台在企业文化传播方面的责任更重，影响也更大。

服务平台的担任者大方得体、进退有据、平等待人，外部便容易接收到一股积极向上、平和友善的企业文化清气，从而使外部对企业的领导人和管理者都产生好感。而服务平台的担任者唯利是图、斤斤计较、奸诈伪善，则向外传播了一种物质至上、目光短浅的企业文化氛围，使外界看低企业的定位和追求，质疑领导人和管理者的人品和格局，并且产生该企业对产品质量、技术水平和服务水平的要求也低的联想，阻碍企业树立口碑与品牌形象。

（二）服务平台与传感网络平台的内闭环信息运行

服务平台与传感网络平台的内闭环信息运行过程即通信服务主体、传感通信主体（即服务平台和传感网络平台的担任者）基于企业文化，进行自我管理、自我教育的过程。这两个平台内闭环运行的主要任务是为准确、快速而有效地传输文化信息奠定坚实的基础。

服务平台与传感网络平台需求的实现方法都和其职务能力的增强息息相关，因此服务平台和传感网络平台的内闭环所运行的信息常常包含文化通信能力、服务和管理能力提升等内容。

文化通信能力包括对信息的敏感性、文化理解能力、沟通上下平台（上传下达）的能力、信息接收和转化能力等。对信息保持高度敏感性，及时了解与企业相关的高价值信息，拓宽信息采集的广度，能够为企业用户平台、管理平台决策提供参考信息。对文化需求具备较强的理解能力，保持对文化信息的可靠判断，能够匹配其他平台对文化信息传输准确性的要求，减少信息的传输误差，降低信息传输成本。

有了对信息的敏感性和文化需求理解能力这两项重要的基础能力，充当上下两平台的桥梁、收集下一平台反馈信息、主动向上一平台反映情况并提供信息就变得很容易，对信息的接收和转化也更为高效。

二、服务措施与传感措施

服务平台与传感网络平台在物联网中运行的信息，承载着不同的措施，进而表现为不同的方法。

服务平台常见的服务措施有一条龙服务、一站式服务、定制化服务等。在企业文化物联网中，"一条龙服务"是指服务平台把需要集中办理的关联事项最大限度地进行调度，形成完整的服务链。"一站式服务"是指用户平台或管理平台有需求时，找到服务平台，各方面的问题或不同类型的事项都能够解决，没有必要再联系其他平台。"定制化服务"是指服务平台按照用户平台的要求，为其提供适合其需求、令其满意的专属服务。

传感网络平台常见的传感措施有匿名通信、消息队列、共享通信、线上通信等。"匿名通信"即传感网络平台隐藏对象平台的身份信息,将收集到的信息内容传递至管理平台,供管理平台决策。"消息队列"即传感网络平台中可等待和存放一定量的信息,直到形成一定的信息规模后,再传递至管理平台。"共享通信"即管理平台或对象平台拥有信息获取权限,在需要时便能够从传感网络平台获得信息,享受柔性的通信便利。"线上通信"即借助网络或机器设备进行通信,减少线下跑腿、面对面沟通、纸质文书递交所带来的时间成本。

第四节 服务平台与传感网络平台文化的表现形式

在企业文化物联网中,服务平台文化、传感网络平台文化的形成逻辑与管理平台文化相近,因此这两个平台的文化在表现形式上也与管理平台文化相呼应:服务平台文化的表现形式通常可概括为服务理念、服务机制和服务模式,传感网络平台文化的表现形式通常可概括为信息理念、信息通信机制和信息通信模式。

一、服务平台文化的表现形式

服务是一项对人对事开展细致而周到的活动、带给人满意感受的职能。服务平台文化可以从面部表情、动作礼仪、思想理念等各方面表现出来。从以下彰显服务文化的一些常见宣传标语也可以窥知一二:

"微笑在脸,服务在心。"(第①条)

"服务从微笑开始。"(第②条)

"微笑暖人心,真情待用户。"(第③条)

"全心全意为用户服务!"(第④条)

"服务理念:一切为了用户,为了用户一切,为了一切用户。"(第⑤条)

"周到的服务才能赢得用户的信任。"(第⑥条)

"服务用户，赢得用户，留住用户。"（第⑦条）

"以服务为宗旨，以满意为标准。"（第⑧条）

"服务只有更好，没有最好；满意只有起点，没有终点。"（第⑨条）

"技术上追求精益求精，服务上追求全心全意。"（第⑩条）

第①~③条标语指向微笑服务文化，基于真诚的笑容向用户提供服务，常常令用户倍感亲切。微笑不仅在于表情，更在于"真情"和内心。因此，微笑服务文化既是服务模式层面的表现形式，也是服务理念层面的表现形式。第④~⑦条标语体现了用户平台与服务平台的密切关联，也体现了服务平台想要获得用户平台的满意与信任具有一定的挑战性。第⑧~⑩条标语则指出了服务文化依托于精益求精的技术表现出来，也从用户的满意感受中得到淋漓尽致的表现。

二、传感网络平台文化的表现形式

信息传输速率和信息安全是传感网络平台文化中尤其重要的两个方面。以下是彰显传感通信文化的一些常见宣传标语：

"网安人人抓，'信'服千万家。"（第①条）

"网安，民安，国家安。"（第②条）

"数据无价，丢失难复。"（第③条）

"让一切自由联通。"（第④条）

"我们的网络永不堵车。"（第⑤条）

第①、②条指向传感网络平台的信息安全，第③、④、⑤条则分别指向信息的价值、传递范围、传输效率，体现传感网络平台的重要使命和存在价值。

第八章 企业吸收外部文化

正如自然界中的生物与环境能构成极具多样性的生态系统一样，丰富多彩的文化也构成宏大的"文化生态系统"。在这个系统中，每种文化都有自己的先进性或不足之处。各种文化的使用者们通过相互学习、借鉴，推动文化发展。

企业文化也是如此，具有长处和短处，在不断吸收各种优秀外部文化的过程中保持自身的持续发展。企业在吸收外部文化时，不能盲目跟风，要具有针对性，重点把握文化的选择、学习以及创新方面：第一，有针对性地选择先进和优秀的文化，合理地借鉴、科学地吸收，使企业文化能够增强文化适应性，融会贯通；保持文化的新鲜活力，与时俱进；第二，有针对性地进行文化学习，将其内化为自身的养分，从内涵多样、样式繁复的文化中学习符合企业当前发展情况的部分，在学习中有的放矢；第三，在学习和吸收文化的过程中不忘创新，提升文化创新能力，让旧文化在新元素的影响下产生变化，在传承文化的基础上发展出鲜活的新文化，如结合企业的具体经营状况参考和借鉴外部文化，对需求的实现方式、方法加以创新，从而实现文化升级。

企业在吸收外部文化的过程中与各方发生文化联系，与各方互为文化关联方。从企业的角度来看，其文化关联方是指在文化上对企业产生影响或被企业影响的各方，可以是和企业有直接商业活动关联的主体，如合作方、供应商、企业发展协会等；也可以是并未与企业直接产生经济关联的对象，如政府单位、个人、社会组织（包括学校、慈善基金会等）。企业在吸收外部文化时，企业在整个文化传播过程中处于主导地位，形成企业主导的关联文化物联网；企业在某一文化传播过程中处于从属地位，进入某一文化关联方所主导的物联网，形成企业参与的关联文化物联网。

第一节 主导性吸收外部文化

一、企业主导的关联文化物联网的形成

企业具有强烈的学习愿望和相关资源时，为了不断优化满足文化需求的方式和方法，完善并提升自身文化，使自身需求得到充分的满足，则选择主导关联文化物联网的建立。这一过程便称为"组网"。企业担任该物联网中的用户平台，制定该物联网的运行规则并提供一定的资源，与其他平台建立联系。

以利公需求作为用户平台主要需求的情况为例，企业的组网过程如下。企业用户平台发出自身的利公需求，如希望人与自然和谐共生、友好相处，高度关注自然灾害对人类的影响，思索灾害发生的根源，思考人们在这个过程中采取的有利行动以及如何避免不利行为的产生，从而倾向于选择资源节约型管理方式、开发环境友好型产品，愿意与拥有利公文化或能够助益利公文化实现的各方建立联系；又如希望人与人之间真诚交往，注重传递信任与责任意识，提升人与人之间关系的和睦性，并将这一需求信息传递至下一平台。

服务平台接收用户平台所表达的利公需求信息，并担任枢纽平台，将信息传输至管理平台。管理平台接收到需求信息后，搭建并组织传感网络平台，搜索合适的关联方，并通过传感网络平台与关联方连接。关联方则

基于自身的参与性需求，如获取用户平台提供的资源、与用户平台建立联系等，进入该物联网并担任对象平台。

最终，用户平台在物联网体系中成功与关联方对象平台建立联系，为体系的运行奠定基础，推动企业吸收外部文化。

二、企业主导的关联文化物联网的结构与信息运行

企业用户平台的需求集中体现为利公需求、利他需求、利己需求和物质需求四类，由其需求主导的关联文化物联网也可划分为以下四种。

（一）企业利公需求主导的关联文化物联网

由企业利公需求主导的关联文化物联网如图8-1所示。

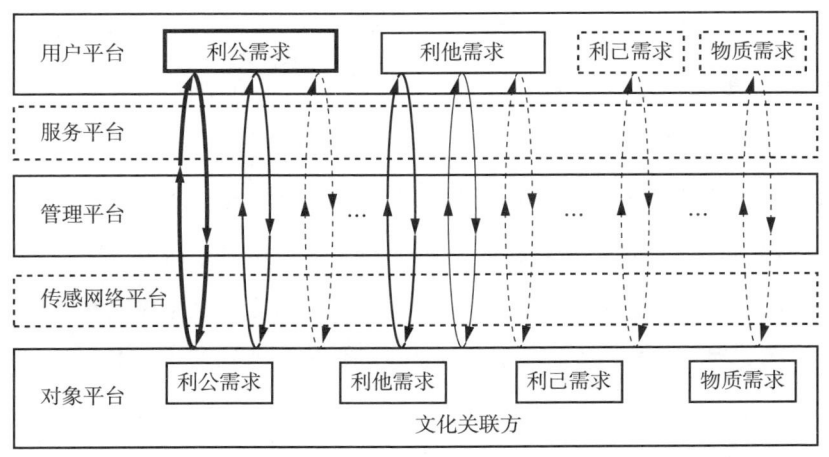

图8-1　企业利公需求主导的关联文化物联网

1. 结构

在结构上，用户平台的主要需求为利公需求，与之层次相邻的利他需求则为次要需求，利己需求、物质需求则为边缘需求；对象平台具有利公、利他、利己、物质四类需求，任一需求都可能是其主要需求。

由于用户平台的主要需求为利公需求，在筛选可用于文化学习和吸收

的对象时便会倾向于需求同质性较高的关联方——以利公需求或利他需求为主要需求的关联方。

同样以利公需求为主要需求的文化关联方，在参网后表现出公平正义、诚信友爱、顺应自然规律等文化内涵，并以其独到的理念、行之有效的需求实现方式或方法等吸引用户平台进行文化交流。

文化关联方以利他需求为主要需求的情况下，其旨在利"小公"的需求与用户平台旨在利"大公"的需求之间不存在壁垒，在参网后不断与用户平台进行信息交互，各有所获。用户平台吸收文化关联方的利他文化，使得自身的利公文化更加聚焦，开拓更多的能有效满足需求的现实路径，如从关注自然环境到关注自然保护区、从关注全社会到关注数量庞大的儿童和老人等群体，进而从不同角度细化利公需求，从不同侧面诠释利公文化，最终寻找到恰当的方式来践行利公文化。

2. 信息运行

在横向上，该文化物联网体系是各个子物联网有序结合的整体，信息运行清晰地体现主要、次要和边缘物联网之间的关系。与本书前述逻辑相同，用户平台利公需求的主要、次要、边缘实现方式分别为主网、主次网和边缘网，利他需求的主要、次要、边缘实现方式分别为次主网、次次网和边缘网，利己需求、物质需求的各种实现方式均为边缘网。其中，最受企业关注的是主网以及两个重要的次网（主次网和次主网），这些子物联网也是企业在吸收外部文化的过程中需要不断优化和重点运行的部分。

在纵向上，该文化物联网体系采用感知信息与控制信息形成闭环的方式运行，即各个子物联网无论作用大小，都按照这一规律运行。以企业用户平台主导环境友好型、资源节约型品牌的交流会这一关联文化物联网为例，感知信息的运行如下：文化关联方通过自身对该交流会开展目的、活动形式、文化氛围以及主办方（公司）产品的独创性、品牌效益等的感知，整理形成对象感知信息，并将这一感知信息通过传感网络平台传输到管理平台；管理平台接收该信息，并对信息进行判断和分析等处理，了解文化关联方的感受和诉求，最终筛选出有效的信息，转化并生成感知管理信息；该信息经由服务平台传输至用户平台，为用户平台的决策提供依据。在这一案例中，控制信息的运行如下：用户平台在充分掌握整个品牌交流会关联文化物联网的基础上，从关联方的建议中提炼有效信息、从批评中审视企业，去粗取精，作出指示，将感知信息转换成控制信息，再通过服务平台将该信息下达至管理平台；管理平台对接收到的控制信息进行处理，在充分尊重用户平台指示的情况下，选择能够使该品牌交流关联文化物联网良好运行的方式——如友好、平等的交流方式，并通过传感网络平台将控制信息传达至文化关联方对象平台，灵活运用各种管理方法统筹对象平台，例如，及时弥补交流会的不足之处、认真解答文化关联方对于主办方品牌的疑问、充分展示主办方的文化追求与交流诚意，从而使文化关联方更积极参会、更乐于分享、更配合各项流程与规章。至此，一个完整的信息运行过程便形成了。

（二）企业利他需求主导的关联文化物联网

由企业利他需求主导的关联文化物联网如图 8-2 所示。

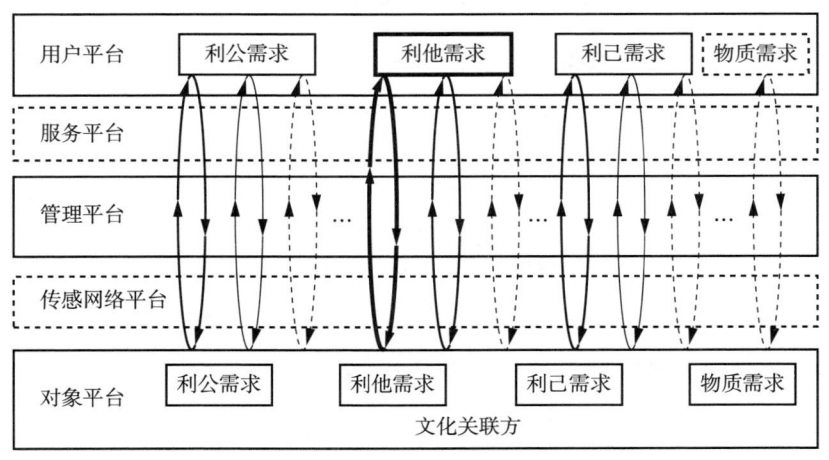

图 8-2　企业利他需求主导的关联文化物联网

1. 结构

在结构上，用户平台的主要需求为利他需求，与之层次相邻的利公需求和利己需求则为次要需求，物质需求则为边缘需求；对象平台具有利公、利他、利己、物质四类需求，任一需求都可能是其主要需求。

用户平台倾向于吸收具有相同需求或相邻层次要需求的关联方——以利他需求或利公需求、利己需求为主要需求的关联方的文化，如以制定行业标准或提供行业咨询与服务的组织、专门连接社会各项资源以帮助弱势群体的社会组织等，从而形成如下企业利他需求主导的关联文化物联网：企业基于"利行业"的需求，召集提供行业咨询与服务的若干组织，共同探讨行业难题、讨论行业标准、探索行业未来，系统性了解行业的发展机遇与挑战；企业基于"利特定群体"的需求，与专业的公益组织合作，如生产和销售儿童或老人相关用品的企业，通过公益组织定向服务于部分儿童或老人，医疗器械公司捐赠呼吸机等，并从中了解他们的特殊需求，不断完善产品的类型与设计。

2. 信息运行

在横向上，该文化物联网集主网（用户平台利他需求的主要实现方式）、次网（用户平台利他需求的次要实现方式、利公需求和利己需求的主要实现方式与次要实现方式）、边缘网（利他需求的边缘实现方式、利公需求和利己需求的边缘实现方式以及物质需求的所有实现方式）于一体。各个子物联网在企业吸收外部文化的过程中不断优化，最大限度满足企业的利他需求。

在纵向上，该文化物联网体系以及其中的各个子物联网均采用感知信息与控制信息形成闭环的方式运行。具体过程与"企业利公需求主导的关联文化物联网"相似，此处不再赘述。

（三）企业利己需求主导的关联文化物联网

由企业利己需求主导的关联文化物联网如图8-3所示。

第八章 企业吸收外部文化

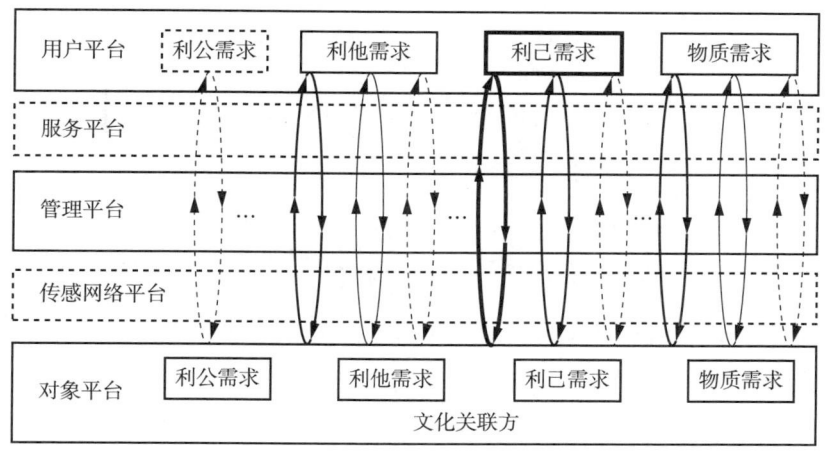

图 8-3 企业利己需求主导的关联文化物联网

1. 结构

在结构上，用户平台的主要需求为利己需求，与之层次相邻的利他需求和物质需求则为次要需求，利公需求则为边缘需求；对象平台具有利公、利他、利己、物质四类需求，任一需求都可能是其主要需求。

用户平台倾向于吸收具有相同需求或相邻层次要需求的关联方——以利己需求或利他需求、物质需求为主要需求的关联方的文化，如在某方面具有优势、声誉在外且善于管理和宣传的关联方。用户平台主导某次交流学习或参观访问，从而形成如下企业利己需求主导的关联文化物联网：企业基于收获客户赞誉的需求，与坚守不欺诈、守信用、真诚待人等文化的关联方进行交流，吸收其将客户诉求和利客户行为放在首要位置、在客户群中树立良好印象的经验与方式；企业基于获得员工尊重与认可的需求，吸收关联方倾听员工心声、尊重员工、提高员工参与感、促进员工与组织共同发展的文化；企业基于树立社会形象、扩大社会影响力的需求，吸收关联方采取多元化方式——创造舒适优雅的企业环境、良好的工作氛围和借助网络推广提升企业名气、塑造清廉公正的领导形象和爱岗敬业的员工

145

形象，从而提升企业形象的文化。

2. 信息运行

在横向上，该文化物联网集主网（用户平台利己需求的主要实现方式）、次网（用户平台利己需求的次要实现方式、利他需求和物质需求的主要实现方式与次要实现方式）、边缘网（利己需求的边缘实现方式、利他需求和物质需求的边缘实现方式以及利公需求的所有实现方式）于一体。各个子物联网在企业吸收外部文化的过程中不断优化，最大限度满足企业的利己需求。

在纵向上，该文化物联网体系以及其中的各个子物联网均采用感知信息与控制信息形成闭环的方式运行。

（四）企业物质需求主导的关联文化物联网

由企业物质需求主导的关联文化物联网如图8-4所示。

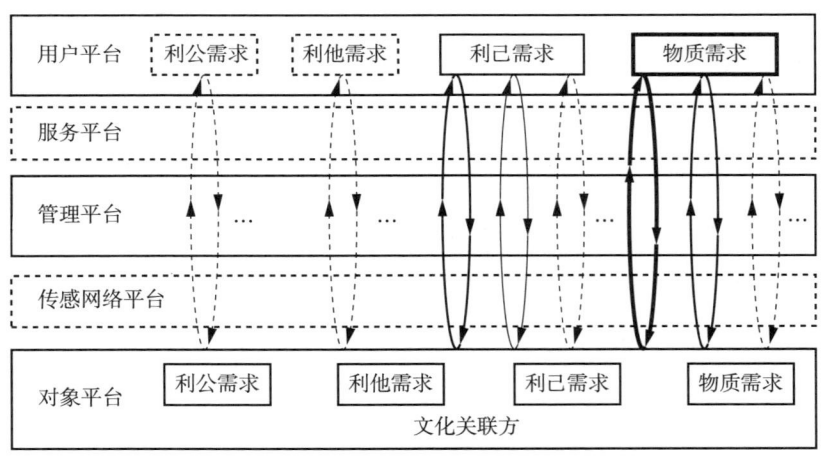

图8-4　企业物质需求主导的关联文化物联网

1. 结构

在结构上，用户平台的主要需求为物质需求，与之层次相邻的利己需求则为次要需求，利公需求和利他需求为边缘需求；对象平台具有利公、利他、利己、物质四类需求，任一需求都可能是其主要需求。

用户平台倾向于吸收具有相同需求或相邻层次要需求的关联方——以物质需求、利己需求为主要需求的关联方的文化。如企业聚焦于降本增效和增加利润，与有效提升团体或组织能效、实现企业盈利的关联方进行交流学习，从而形成如下企业物质需求主导的关联文化物联网：企业基于扩大再生产的需求，与不断创新技术、增加专利投入从而缩短工时、提升产量的关联方进行交流，吸收其降低成本但能维持利润增长的方式和方法；企业基于自身可持续发展的需求，与具有高效的物质文化同时又能将物质需求欲望控制在合理范围内的关联方进行交流，吸收其依靠敏锐的市场洞察力、精准的投资、优质的管理和技术改造、生产性设施改善等方式方法，在满足物质需求的同时更好地创造塑造企业声誉，而非通过一味克扣员工福利或缩减必要成本来实现盈利。

2. 信息运行

在横向上，该文化物联网集主网（用户平台物质需求的主要实现方式）、次网（用户平台物质需求的次要实现方式、利己需求的主要实现方式与次要实现方式）、边缘网（物质需求的边缘实现方式、利己需求的边缘实现方式、利公需求和利他需求的所有实现方式）于一体。各个子物联网在企业吸收外部文化的过程中不断优化，最大限度满足企业的物质需求。

在纵向上，该文化物联网体系以及其中的各个子物联网均采用感知信息与控制信息形成闭环的方式运行。

第二节 参与性吸收外部文化

文化是一张交织的大网,企业在发展过程中,不仅可以发挥自身的文化优势,还可以参与到各个关联方的文化中去,互相影响,共同进步。企业主动组网学习、吸收外部文化的情况虽然并不少见,但企业参网进行文化吸收的情况更为常见,因为企业所面对的文化是广博多样的,不同的利公、利他、利己以及物质文化都能对企业产生不同程度的影响,为企业提供不同的养分。

本节主要介绍企业通过参与关联方文化物联网,吸收其优秀文化,丰富自身文化内涵,内化为自身文化元素,实现企业文化的不断创新与发展。

一、企业参与的关联文化物联网的形成与结构

在企业参与的关联方文化物联网中,企业作为对象平台,学习、实践关联文化中的利公、利他、利己或者物质文化。

企业参与的关联文化物联网由五平台构成:用户平台是企业的文化关联方,拥有强大的文化传播力和深厚的文化底蕴,文化信息以控制的形式发出,形成需求指令,传递至服务和管理平台;服务平台参与关联文化物

联网，将关联方的文化信息加以整合、收集，传至下一平台；管理平台则需要理解和把握关联方的需求信息，将信息进行深度加工，并通过合理的规章制度、活动安排，通过传感网络平台来协调和统筹对象平台；对象平台是企业自身，企业发出感知信息，并接收关联方的文化控制信息，学习吸收关联方优秀的文化思想，与自身文化需求（利公、利他、利己、物质）融合提升，更好地为企业自身的精神文明建设服务，其结构如图8-5所示。

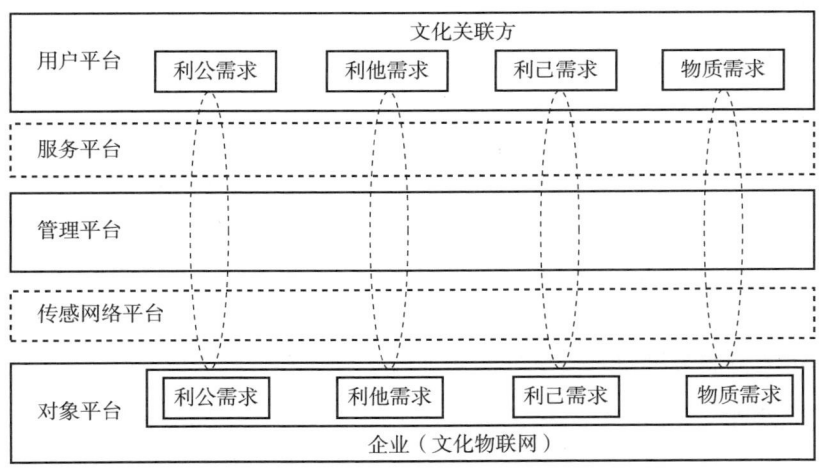

图8-5 企业参与的关联文化物联网的结构

二、企业参与的关联方文化物联网的信息运行

（一）感知信息的运行

企业在感知信息的运行中，学习关联方文化，在与企业关联方文化的交流和传播中焕发新的生命力，感知文化信息由企业自身发出，为企业关联方文化的需求服务。

以企业对象平台参与的社区公益—慈善捐献活动这一关联文化物联网为例，感知信息的运行如下：企业作为对象平台，通过对慈善捐献活动开展的内容、目的、形式以及活动前期的宣传背景的把控，形成感知，整理形成对象感知信息，并将这一感知信息通过传感网络平台传输到管理平台；管理平台接收该传感信息，对信息作出处理和分析，了解文化关联方的需求与诉求，最终形成感知管理信息；该管理信息经由服务平台传输至用户平台，为满足用户平台需求服务和帮助用户平台决策提供相应的依据，在整个感知信息传输过程中能够学习、了解活动内容和方案制定的流程，并通过活动开展增强企业的社会责任意识。

(二) 控制信息的运行

企业关联方发出控制文化信息，传递了优秀文化，推动了企业文化的建设。

同样，以企业关联方用户平台主导的社区公益慈善捐赠活动关联文化物联网为例，控制信息的运行如下：用户平台在充分掌握整个慈善捐赠关联文化物联网的基础上，从企业的建议与反馈中提炼有效信息、完善慈善捐赠活动中的细节，并作出明确的指示安排，将感知信息转换成控制信息，再通过服务平台将信息下达至管理平台；管理平台将接收到的控制信息进行处理，在充分尊重用户平台指示的情况下，选择能够使慈善捐赠关联物联网良好运行的方式，并通过传感网络平台将控制信息传达至对象平台，运用各种管理方法统筹对象平台，例如，通过增加企业捐赠的渠道，加大慈善捐赠的力度，从而更好地致力于社区服务设施便利度的提升、生活环境舒适度的增加。至此，控制信息的运行与以上感知信息的运行形成了一个完整的信息运行过程。

三、企业参与的关联文化物联网的类型

(一) 企业参与的校企文化物联网

1. 校企文化

校企文化是校园文化和企业文化的融合，在人才培养上具有对接性。

校企文化，展现出了良好的教育和丰富的文化资源优势，校企文化物联网的有效运行，提高了企业应用型人才培养质量，提升了企业的科研创新能力，同时更好地服务于国家和地方经济社会的发展。

2. 企业吸收高校优秀文化

（1）推动企业产业结构优化升级，提升企业创新能力

校企合作研究所与实验室，增加了与高校优秀科研人才的交流互动，为企业产业结构、创新能力的升级奠定了坚实基础。如企业在合作学习中掌握了核心产品研发、开发的相关技术，进一步实现了核心产品的技术突破，从而形成了自有知识产权的核心技术。

（2）提高应用型人才培养质量

高校通常具备较优质的教育资源，企业可以通过引进高校的教育资源，进一步优化员工的知识储备和文化素质，进一步激发企业生产活动中最活跃的人才要素。例如，邀请高校中相关专业的教授、老师为员工开展知识讲座和技能培训，组织企业员工与高校科研人员的文化交流沙龙等。接受高校文化熏陶，推动提升企业精神文化的建设，为企业发展营造良好的内部文化环境。

（二）企业参与的行业文化物联网

1. 行业文化

企业文化和行业文化是一脉相承的，行业文化作为企业文化的背景，在一定程度上决定了企业文化的倾向与特征。在核心价值取向上，企业文化只有不断学习和融入行业文化，企业才能更好地生存和发展。

企业—行业文化，是企业行动的指南，企业—行业文化的物联网的有效运行，能够对企业在生产经营活动中的企业环境、产品质量、管理水平以及人员发展等产生影响，对企业的发展起到积极的引导作用。

2. 企业吸收行业优秀文化

（1）推动公平竞争

行业协会协助企业或行业实施反倾销、反补贴等政策措施，努力实现行业的健康发展，推动企业之间进行公平竞争。在利他方面，企业学习和实践其文化，如努力给员工提供公平成长的机会，制定完整的公平竞争的机制，形成良好的竞争秩序，提高员工工作的积极性。

（2）提升人力资源管理水平，增强员工职业素养

行业协会可以在企业从业者的职业教育环节发挥良好的管理与监督作用，如为人才培养提供关键的制度保障，还可为企业提供职业教育和培训服务。企业根据实际情况对行业提供的培训制度、培训服务等进行吸纳和学习，使自身制定的培训方案更加科学规范、更加有利于员工发展和企业发展。

（三）企业参与的社企文化物联网

1. 社企文化

社企文化是一个混合体，既有社会方面的成分，还有企业方面的内容。既要以社会使命为核心，也要鼓励企业家的成长，从而达到提高经济价值和满足社会需要的双重目标。

社区是企业发展的根基和土壤，社企文化物联网的有效运行，能够为社区居民生活和全面发展提供更好的服务，同时也能提高企业对社区的影响力。以利公和利他文化为主导的社企文化物联网，能直接服务城市社区、乡村城镇，造福当地人民。

2. 企业吸收社区优秀文化

（1）提升员工的素质和教育水平

社区担负着发展教育事业的责任，负责组织开展文化娱乐和体育活动，组织开展群众性精神文明创建活动等。企业学习社区重视群众教育的

利他精神，关注员工的个体素质和教育水平，如在员工中开展理想信念教育，社会公德、职业道德、家庭品德、个人品德教育，全面提高员工综合素质。

（2）强化社会责任，促进社区和谐

社区还担负着维护社区治安、秩序、调解民间纠纷、办理社区公共事务，建设公益事业的职责。同时整合社区资源，帮助社区人员解决生活困难和思想难题。在利公方面，企业学习和践行其文化，如通过关注弱势群体、特殊群体，在促进社会福利发展的同时，强化了企业的责任意识，在社区中树立了良好的企业形象。

第九章 企业文化的对外传播

企业文化可以体现企业的精神特征和价值追求，是企业的软实力，在加强企业经营管理、落实安全生产等方面发挥着重要作用。通过建立企业文化，企业可以对外塑造良好的企业形象、对内营造良好的文化氛围与工作环境，而实现这一切的前提是企业文化能得以有效传播。对于企业内部员工来说，企业文化的有效传播可以有效提高企业自身的凝聚力与发展动力。而对于企业外部来说，企业文化传播的辐射范围能够达到更加广阔的领域，甚至可以触达整个社会层面。企业文化的对外传播有利于为企业创造良好的外部发展环境，还能打造企业自身的品牌形象，增加企业产品或服务的附加值，从而进一步增强消费者对其品牌价值的信任感和忠诚度。企业文化也是企业为社会提供的重要精神服务，通过积极培育与对外传播，可以成为社会文化的重要组成部分，对社会产生潜移默化的影响，对行业及社会发展也具有重要作用。

在企业文化的对外传播中，首先受到企业文化影响的是企业的关联方。企业关联方是指与企业在生产经营领域有直接相关性的对象，包括政府单位、各类企业、社会组织和个人。企业的文化关联方则特指在文化上对企业产生影响或被企业影响的对象，既可以是和企业有直接商业活动关联的对象，如合作方、供应商、企业发展协会等，也可以是和企业不直接产生经济关联的对象，如社会组织中的学校、慈善基金会等。从广义上来说，关联方文化的传播是企业文化对外传播的重要形式，是实现优秀文化对外渗透的关键。

在文化传播过程中，企业文化与关联方文化的匹配程度是实现文化认同、聚拢关联方的基础。对于关联方文化的传播，信任至关重要。若不同企业之间仅在表面上建立了稳固的合作关系，实际是想利用对方的资源与信息，而未产生文化上的欣赏和认同，甚至主观上阻碍彼此文化的碰撞与交流，一旦牵涉到核心利益问题，很大可能就会产生违约情况。比如，某科技企业的关联方在共同研发期间盗取研发成果，将本该属于双方共同拥有的研发成果据为己有。在理想的情况下，企业与文化关联方应以共同利益为目的、以互相尊重和信任的态度进行文化往来，求同存异，在诸多文化之间寻求一种平衡。

企业文化的传播过程可以分为直接传播和间接传播。直接传播指企业主动输出文化，例如，企业为社会提供产品和服务、企业广告式宣传（公共场所广告牌或标语、媒体图文等）、企业自有平台宣传（出版书籍期刊等、自主运营企业官方账号等）、举办各类文化活动（讲座、沙龙、培训等）等方式；间接传播指企业通过参与社会活动进行文化传播，例如，参与行业论坛或会议、参与区域发展项目及城市建设、参与社会公益活动等，以此扩大企业文化的传播和影响范围，并通过文化间接影响社会。

企业文化的对外传播方式为主导或参与关联文化物联网的运行。企业文化传播方式的不同也使得企业在关联文化物联网中的角色和定位不同：当企业主动输出文化时，企业在文化传播上处于主导地位，形成企业文化需求主导的文化关联网，企业的文化关联方参与该网运行；当企业的文化关联方主动输出文化，在文化传播上处于主导地位时，企业受到该文化的影响并参与该文化关联方物联网运行。以下将分别阐释企业主导的关联文化物联网与企业参与的关联文化物联网的形成、结构和信息运行。

第九章　企业文化的对外传播

第一节　主导性对外传播

一、企业主导的关联文化物联网的形成

在企业主导的关联文化物联网中，企业作为用户平台，是文化传播中的需求方，企业的主导性需求是让文化关联方（包括其他企业、组织、个体等）能够接收、学习并吸收企业文化，以使企业完成文化的对外传播。

企业从自身的文化传播需求出发，与可以满足其需求的文化关联方共同组成以企业为用户平台的关联文化物联网。具备服务和管理功能的文化关联方基于自身需求参与物联网运行：企业首先需要确认具备服务信息传输功能的服务实体——"服务通信通道"，以实现各类文化信息的汇集和传输，形成服务平台；然后确定具有管理功能的平台，进行统一的规划、协调和管理，形成管理平台。为了确认能够满足企业文化需求的对象，管理平台需要具备信息传感功能的"传感信息通道"来进行信息传递，双方达成合作后，传感实体作为传感网络平台参与关联文化物联网运行，连接起管理平台和具备组网需求并能满足用户需求的对象实体，此时，对象实体也作为对象平台参与该物联网运行。

二、企业主导的关联文化物联网的结构

企业主导的关联文化物联网由五平台组成：企业用户平台、服务平台、业务管理者组成的管理平台、传感网络平台和文化关联方组成的对象平台。企业用户平台根据自身的主导性需求进行组网，服务平台、业务管

理平台、传感网络平台和文化关联方对象平台通过参网的方式来实现自身的参与性需求。

企业用户平台：为了更好地树立良好的企业形象、提升消费者和大众对企业的信任与认可度，企业有全面准确地对外传播本企业文化的需求。企业文化需求分为利公需求、利他需求、利己需求（名、权、利）和物质需求。为了满足自身对外传播文化的需求，企业组建关联方文化物联网并作为用户平台主导运行。

服务平台：作为用户平台的企业进行文化输出和文化传播需要借助平台对文化信息进行收集、汇总和整理，这类平台通常由各种服务运营商搭建的服务通信通道构成，由各类知识汇集型组织承担，如博物馆、图书馆、搜索引擎、数据库、社交平台或承担运营服务的角色。服务平台主要承担着传播用户平台文化的职责，职责具体包括服务平台获取资源向业务管理平台传递，为用户平台更好地提供服务。

管理平台：业务管理平台对服务平台发出的文化进行接收和管理。管理平台解读用户平台的需求，接受用户平台的授权，结合具体的管理分配规则，对文化关联物联网进行统筹管理，进一步制订实行计划以落实企业的主导性需求及其他需求。针对企业发出的主导性需求，管理平台收集、存储、管理、处理、整合多方数据信息和资源，在各平台之间进行功能协调和资源配置，最终实现为用户平台服务的功能。企业作为用户平台主导关联方文化物联网时，企业可以自己充当管理平台，对自身输出的文化需求进行协调和管理。在较为复杂的复合关联方物联网中，企业也可以委托其他业务管理平台来执行管理平台的职能。

传感网络平台：传感网络平台连接管理平台和对象平台，作为传感通信的通道对各类文化信息进行采集、整合和传递。传感网络平台向对象平台传达企业具体的文化指令，同时，也承担将对象平台的感知信息进一步传达给管理平台的功能，连接并传递企业所需的文化资源，是文化关联方物联网中文化信息传达和落实的重要通道。在文化关联方物联网中，传感网络平台为企业和文化关联方的文化交流提供以互联网等为载体的传感通信方式，并协助管理平台对文化交流进行管理，为双方提供文化服务。

文化关联方对象平台：出于学习和吸收优秀企业文化、输出自身理念和价值观与其他企业进行文化交流的目的，文化关联方参与文化关联方物联网运行。文化关联方对企业文化存在需求，在管理平台的统一安排下，文化关联方为用户平台提供服务，执行用户平台的具体文化指令，结合自身的文化基础对企业文化进行传播。文化关联方参与企业主导的文化关联方物联网运行，可以满足文化关联方自身的文化需求，推动社会主义精神文明建设；同时学习并吸收优秀的企业文化，对自身文化进行补充，并可作为媒介将其优秀文化进行对外传播。

三、企业主导的关联文化物联网的信息运行

企业主导的关联文化物联网实现整体功能，需依靠物联网内文化感知信息和文化控制信息的闭环运行实现（见图9-1）。企业主导的关联文化物联网的运行过程包含用户平台（企业）与服务平台、业务管理平台、传感网络平台和对象平台（文化关联方）进行双向通信。企业作为用户平台有主要需求、次要需求和边缘需求，各需求对应主要实现方式、次要实现方式和边缘实现方式，形成主网、次网和边缘网。一般情况下，当用户平台和对象平台的主要文化需求匹配时，形成关联文化物联网的主网；当对象平台部分满足用户平台的文化需求时，形成关联文化物联网次网；对象平台难以满足用户平台需求时，则形成关联文化物联网的边缘网。企业作为用户平台，在不同的需求网运行中可以实现不同的需求。下面以利公需求为例，简述企业主导的利公需求关联文化物联网的运行。

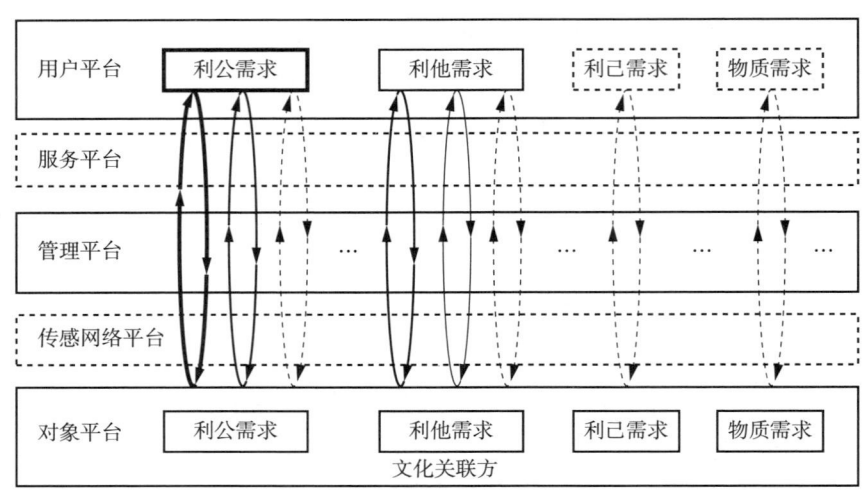

图 9-1 企业利公需求主导的关联文化物联网

当用户平台和对象平台的需求同时以利公需求为主时,形成以利公需求为主导的关联文化物联网,且"利公-利公"方式为主网。在主网运行中,感知信息的运行过程是对象平台中的关联方感知信息传输给用户平台的过程。其感知的信息内容主要包括关联方的组织性质、提供的产品或服务的类型、共同决定的社会责任等。在利公需求的主导下,关联方认为自身所承担的责任是不分国别、不分时空的,应该有利于全人类的幸福,包括致力于环境保护、社会和谐、文化艺术繁荣发展等不同类别。在具体的信息运行过程中,关联方将对助力人类发展等感知信息通过传感网络平台传输至业务管理平台,业务管理平台将感知信息进行汇总、整理及分析,对比企业与关联方利公需求的同异,再经服务平台把与企业文化需求匹配的部分传输至用户平台。

有关于利公需求的感知信息在用户域上转化为利公需求的控制信息。结合企业的运营目标,用户平台中的需求以控制信息的形式发出,例如,企业助力全人类发展的具体需求和行为,在环保、教育、文化、艺术等领域承担的国际性社会责任,不同类别的企业在各自领域有所侧重,生产型企业可能更加强调环保节能,教育培训企业可能更注重为社会培养并输送人才。通过服务平台进行授权，管理平台发挥其分析统筹功能，将用户平台追求社会发展的控制信息细化为与文化关联方相关的具体措施，例如，与文化关联方共同参与环保、公益、教育、科技发展等行业会议、论坛、峰会并进行对话交流，输出企业利公理念，有针对性地制定相关规划和宣传措施促进与关联方的合作互动，再通过传感网络平台传达给文化关联方。在业务管理平台的参与下，推动文化关联方积极作为，对企业文化进行实践与传播，实现用户平台对利公的需求。

当企业作为用户平台的主导性需求中最为主要的是利公需求时，文化关联方对象平台可能会以利他需求、利己需求及物质需求为主要需求，或者同时具备多种需求。此时用户平台与对象平台的需求可能部分一致或完全不一致，两者交互后组成关联文化物联网的次网和边缘网，在物联网运行中对企业文化进行传播和宣传。对象平台以利他需求为主时，利他需求可以部分地通过"利公"的方式实现，例如，关联方助力社会公益事业，持续关注社会弱势群体，对贫困山区和特殊教育学校进行捐赠和慰问，有助于促进教育公平、社会和谐，满足企业的利公需求。通过以具体的方式来支持特定群体或个人，是实现大公无私的必要途径，此时可以和用户平台的利公需求部分兼容，表现为关联文化物联网的次网，有利于企业利公文化的传播。文化关联方对象平台以利己需求为主时，追求对于自身名、权、利的实现，包括组织自身的名誉、影响力和话语权等，关联方的需求与社会道德之间可能会存在矛盾和冲突，例如，其他生产型企业为了实现更好的经济效益以获得市场话语权，则需要扩大生产规模，其间会产生更多的生产废料，包括污水、废渣、有害气体等，此时与企业保护环境、绿色发展的利公需求相违背，形成关联文化物联网的边缘网。当对象平台以物质需求为主时，关联方追求业绩、市场份额等自身的经济利益，与企业关注社会和谐、人民幸福的需求有所冲突，甚至成为彼此的阻力，此时双方的需求均难以满足，表现为关联文化物联网的边缘网。

综上所述，在关联文化物联网的主网与次网运行中，企业可以有效对外输出自身文化，并通过文化关联方的实践再次进行有效传播。

第二节 参与性对外传播

一、企业参与的关联文化物联网的形成

在文化关联方主导的关联文化物联网中,关联方作为用户平台,是文化传播中的需求方,其主导性需求是与企业进行文化交流,让企业接收、学习并吸收其文化。而企业是对象平台,在学习交流关联方文化的过程中,通过对话、沟通等形式,也可以向关联方输出并传播自身的文化。

文化关联方从自身的文化需求出发,与可以满足其需求的企业共同组成以文化关联方为用户平台的关联文化物联网。具备服务和管理功能的相关方基于自身需求参与物联网运行:文化关联方首先确认具备服务信息传输功能的服务实体——"服务通信通道",以实现各类文化信息的汇集和传输,形成服务平台;然后确定具有管理功能的平台,进行统一的规划、协调和管理,形成管理平台。为了确认满足关联方文化需求的对象,管理平台需要具备信息传感功能的"传感信息通道"来进行信息传递,双方达成合作后,传感实体作为传感网络平台参与关联文化物联网运行,连接起管理平台和具备组网需求并能满足用户需求的对象实体——企业,此时对象实体也作为对象平台参与该物联网运行。

二、企业参与的关联文化物联网的结构

企业参与的关联文化物联网由文化关联方用户平台、服务平台、业务管理者管理平台、传感网络平台和企业对象平台在内的五平台组成。文化关联方根据自身的主导性需求进行组网，服务平台、业务管理平台、传感网络平台和对象平台通过参网的方式来实现自身的参与性需求。

文化关联方用户平台：在企业参与的关联文化物联网中，企业的文化关联方特指在文化上对企业产生影响或被企业影响的对象，其中包括与企业有直接利益关系的对象，如合作方、供应商、投资方等，或者不与企业直接产生利益关联的对象，如社会组织、社团或者社会公众。文化关联方无论是组织还是个人，其需求都可分为利公需求、利他需求、利己需求和物质需求。文化关联方分别以上述需求中的一种或几种作为主要需求，主导物联网的组建和运行。

服务平台：作为用户平台的文化关联方进行文化输出和文化传播，需要借助一定的平台对文化信息进行收集、汇总和整理，这类平台通常由各服务运营商搭建的服务通信通道构成，各类知识汇集型组织承担，如博物馆、图书馆、搜索引擎、数据库、官方平台（公司官方网站、公众号、微博等）或承担运营服务的角色。服务平台主要承担着传播用户平台文化的职责，具体包括服务平台获取资源向业务管理平台传递，为用户平台更好地提供服务。

管理平台：业务管理平台对服务平台发出的文化进行接收和管理。管理平台解读用户平台的需求，接受用户平台授权，结合具体的管理分配规则，对关联文化物联网进行统筹管理，并制订实行计划具体落实下去。针对文化关联方发出的主导性需求，管理平台收集、存储、管理、处理、整合多方的数据信息和资源，在各平台之间进行功能协调和资源配置，最终实现为用户平台服务的功能。

传感网络平台：传感网络平台连接管理平台和对象平台，作为传感通信的通道对各类文化信息进行采集、整合和传递。传感网络平台向企业对象平台传达具体的文化指令，也承担将对象平台的感知信息进一步传达给管理平台的功能，连接和传递文化关联方所需的企业文化资源，是关联文化物联网中文化信息传达和落实的重要通道。在关联文化物联网中，传感网络平台为企业和文化关联方的文化交流提供互联网传感通信方式，并协助管理平台对文化交流进行管理，为双方提供文化服务。

企业对象平台：出于全面准确对外展示、传播本企业文化的目的，如为了满足树立自身形象、提升品牌竞争力的需求，企业参与关联文化物联网运行。文化关联方对企业文化存在需求，在管理平台的统一安排下，企业为用户平台提供服务，结合自身的文化需求，在执行用户平台具体文化指令的过程中输出企业文化，同时对文化关联方的文化进行传播。企业参与文化关联方物联网运行，可以满足文化关联方的文化需求，推动社会主义精神文明建设；对文化关联方的文化进行补充，同时可以在社会上更广泛地展示、宣传企业自身的文化。

三、企业参与的关联文化物联网的信息运行

企业参与的关联文化物联网实现整体功能，需依靠物联网内文化感知信息和文化控制信息的闭环运行实现（见图9-2）。企业参与的关联文化物联网的运行过程包含用户平台（文化关联方）与服务平台、业务管理平台、传感网络平台和对象平台（企业）进行双向通信。一般情况下，当用户平台和对象平台的主要文化需求匹配时，形成关联文化物联网的主网；当对象平台部分满足用户平台的文化需求时，形成关联文化物联网次网；对象平台难以满足用户平台需求时，则形成关联文化物联网的边缘网。企业作为对象平台，在不同的物联网运行中可以实现不同的需求。下面以利他需求为例，简述企业参与的利他需求主导的关联文化物联网的运行。

第九章 企业文化的对外传播

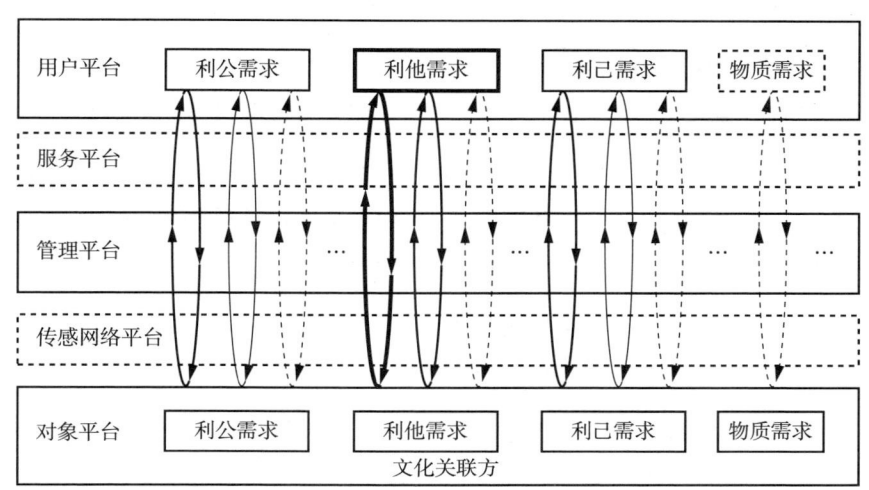

图 9-2 企业利他需求主导的关联文化物联网

当用户平台和对象平台同时以利他需求为主要需求，形成以利他需求为主导的关联文化物联网，且"利他-利他"方式为主网。在主网运行口，感知信息的运行过程是对象平台中的企业感知信息传输给用户平台的过程。感知信息的内容取决于企业的类别、所属行业、生产运营经验、发展阶段等，利他需求的对象包括与企业有直接关联的特定群体，如企业所属的行业、企业所在的社区和行政区域，以及与企业有间接关联的特定群体，如残障人士、学生等。感知信息包括企业促进上述特定群体获得良好发展的需求。在具体的信息运行过程中，感知信息通过传感网络平台传输至业务管理平台，业务管理平台根据文化关联方的利他需求对感知信息进行汇总和筛选，最后经服务平台传输至文化关联方的用户平台，用户平台接收来自企业的感知信息，实现企业文化传播的目的。

关于利他需求的感知信息在用户域上转化为利他需求的控制信息。结合文化关联方的运营目标，用户平台中的需求以控制信息的形式发出，控制信息为文化关联方助力特定群体的具体需求和行为，例如，慈善组织或基金会根据社会救助对象的实际情况，开展生活救助、医疗救助和教育支持等工作。通过服务平台进行授权，管理平台发挥其分析统筹功能，将用户平台助力特定群体发展的控制信息细化为与企业相关的具体措施，在社会慈善机构的协助下，企业对社会弱势群体进行捐赠与援助；区域内行业发展协会根据本行业的最新动态或国家政策制定发展规划，企业根据其规划参与相关的论坛和会议，并结合自身发展需求策划开展相关项目。传感网络平台将上述具体的指示和规划传达给企业，在业务管理平台的参与下，推动企业积极作为，实现用户平台的利他需求。

当用户平台以利他需求为主要需求时，企业对象平台可能会以利公需求、利己需求及物质需求为主要需求，或者同时具备多种需求，此时，用户平台与对象平台的需求可能部分一致或完全不一致，两者交互后组成关联文化物联网的次网和边缘网。企业对象平台以利公需求为主时，可以通过参与关联方利他需求主导的文化物联网实现利公需求，通过具体的方式支持特定群体或个人可以视为利公需求实现的初步途径。例如，企业持续进行科研投入，保证知识产权开发及运作，为本行业的技术创新和理论研究增加动力，行业的技术更新为产品迭代提供动力，产品的更新可以为人们的生活提供更多便利。此时可以部分满足用户平台的利他需求，表现为关联文化物联网的次网。企业对象平台追求利己需求的实现时，企业对自身名（名誉）、权（影响力和话语权）、利（物质财富累积）的追求可能并不利于其他组织或个人，例如，大型企业在市场竞争中淘汰实力较弱的中小型企业，此时形成关联文化物联网的边缘网。企业对象平台以物质需求为主时，企业追求业绩、市场份额增加等自身的经济利益，与关联方关注区域、行业发展的利他需求有所冲突，成为彼此的阻力，此时双方的需求均难以满足，表现为关联文化物联网的边缘网。

四、企业参与的关联文化物联网类型

企业参与的关联文化物联网类型主要包括企业参与的校企文化物联

网、企企文化物联网和社企文化物联网。通过参与高校、企业和社会的文化物联网运行，企业不仅可以吸纳优秀文化资源，还可以达到对外传播企业文化的目的。作为对象平台，企业向关联方用户平台传递感知信息，感知信息来源包括企业自身定位、在行业中所处的位置、发展历程、员工特点等，感知信息为企业结合自身的文化需求（利公需求、利他需求、利己需求和物质需求）对关联方文化需求作出的回应。通过传感网络平台、管理平台和服务平台，企业文化传递至关联方用户平台，用户平台接收并吸纳企业对象平台的感知信息，转化为控制信息，通过管理平台将其细化为企业可执行的具体方案，传递至对象平台落地执行，并完成信息闭环。

企业与高校的文化交流与合作不仅是企业吸纳优秀文化资源、人才资源、提高科研素养和能力、产业结构优化升级的好机会，企业的文化输出也可作为高校学习和研究的素材来源，包括企业的价值观、人才培养机制和科研体系。例如，企业作为投资方或合作方参与高校举办的科研会议或活动，企业文化输出的形式包括企业高管或技术带头人在高校进行主题演讲、企业为高校学生举办各类项目训练营、挑战赛等活动，活动内容和形式包括企业的价值观、发展观等与企业文化有关的内容。

企业与其他企业的交流是行业发展必不可缺的一环。企业参与企企文化物联网，实现行业内的信息互通，其他企业可以向企业借鉴其管理模式、产品研发创新机制、人才培育模式等，在交流中实现各自的文化需求。例如，企业参与合作企业组织的致力于行业发展的会议或论坛，在会上与其他企业交流最新的技术成果并开展科研对话，此时企业参与利他需求主导的文化物联网，企业通过演讲、分享等形式进行文化输出，表达自身的利他需求，企业与主办方企业致力于行业发展的利他需求形成物联网主网的闭环运行。

企业是社会的一部分，企业必然参与社会文化物联网的运行。社会的范围小到企业所在的街道、社区和城市，大到涵盖国家、地区和世界。相较于高校和其他企业而言，企业与社会的交互形式自由且多样，例如，企业在地铁站设置广告牌来宣传自身的价值观以及产品，以扩大企业的影响力，实现利己需求中的名或权；负责地铁广告宣传的行政或管理部门出于提升市民对于地铁站的好感度、维护公共场所的文化氛围、提升自身形象等原因，对广告牌位进行招标并设置企业宣传广告，此时形成企业参与的利己需求主导的关联物联网主网运行。

第十章 常见的企业文化分析

企业文化是全体员工和投资者的共同需求与实现这种共同需求的方式、方法及其文字化表现的总和。企业文化所表现出的不同"个性",源于企业在共同需求、需求实现方式、需求实现方法上的差异:有些企业在需求上相同或相近,在需求实现方式或方法上存在差异;有些企业在需求实现方法上一致,在本质需求上相去甚远……需求不存在孰优孰劣,而需求实现方式和实现方法却有着适切性、正当性等方面的区别。因此,企业在保持其本质需求的前提下,去选择更适合企业发展、更顺应时代潮流、更符合社会和法律规范的方式、方法,便是企业在文化上进步与提升的路径,对弘扬社会主流文化大有裨益。

下面将用文化逻辑分析仁义文化、诚信文化、家族文化、灰度文化、阿米巴经营文化、狼性文化、羊性文化、瞪羚文化、中庸文化以及廉洁文化、大雁文化、奋斗文化等各种常见的企业文化。

第一节 仁义文化分析

一、仁义文化

"仁"与"义"是我国传统文化中的重要概念,古人对"仁"的认识即"程子曰心如谷种。生之性乃是仁也"①，指出"仁"乃人的善良本心；对"义"的认识即"利物，足以和义"②，指出"义"乃公正合宜、可利他者的意念与行动。仁和义相辅相成，故有"仁者，义之本也，顺之体也。得之者尊"③，指出仁是义的依据，也是和谐的体现。同时，"立人之道曰仁与义"④，道出仁与义共同构成人的立身之本，而仁与义也是仁义文化企业的立足之本。

企业仁义文化，是对中国"仁"与"义"文化传统的传承，仁与义并重。其核心内涵是关爱众人、坚守正直道义："仁"侧重于利公，指企业具有博大胸襟，不分厚薄、平等看待所有人，无私造福大众，回馈社会；"义"侧重于利他，指企业有浩然正气，行正义事，甚至甘愿为情谊、操守而自我牺牲的气度。

二、仁义文化逻辑

按照本书企业文化的逻辑来分析仁义文化，企业常常宣传的仁义文化实际蕴含多个层次，既有需求层次，也有实现方式层次。仁义文化主要是一种需求层次上的文化，需求层次上的仁义文化是指企业把仁义当作自身的真正需求，仁义需求在企业所有需求中所占的地位可以是主要的、次要的或边缘的（仁义作为需求的同时，也可以作为实现方式）；实现方式层次上的仁义文化是指企业在表现形式上彰显仁义文化，仅把仁义当作实现其他需求的实际方式或表面方式。

企业仁义文化的逻辑如图10-1所示，包含以仁义为主要需求、以利己为主要需求、以物质为主要需求三种情况。

---

① 语见清代郑宗鲁《立斋集》。
② 语见《周易·乾卦》。
③ 语见《礼记》。
④ 语见《周易·说卦传》。

第十章 常见的企业文化分析

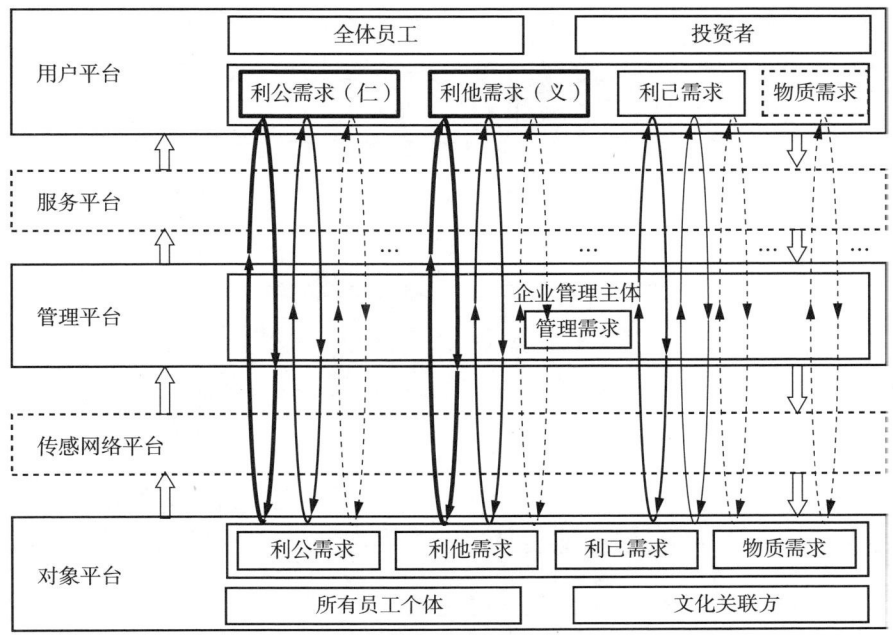

（a）以仁义为主要需求

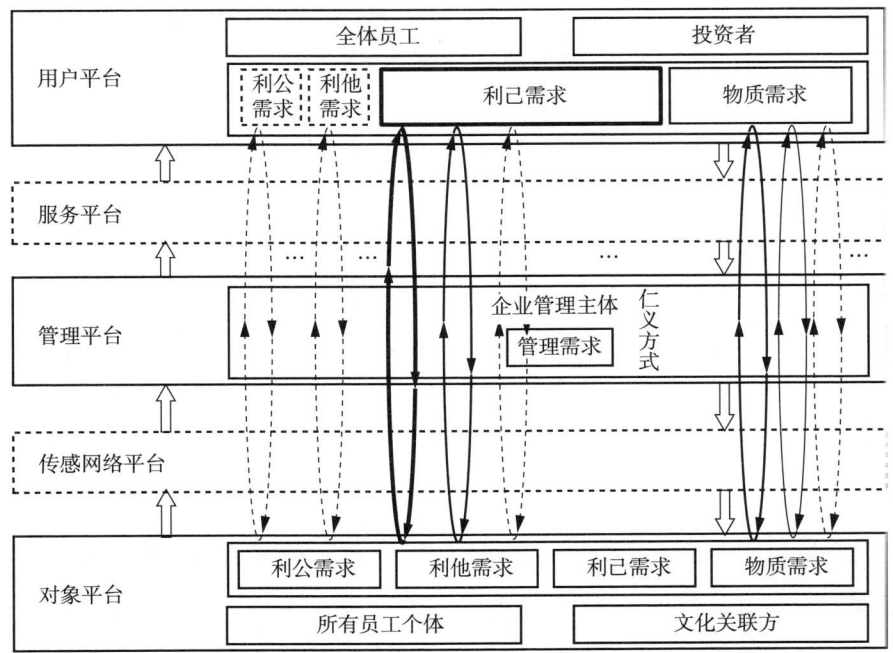

（b）以利己为主要需求（"仁义"为重要实现方式）

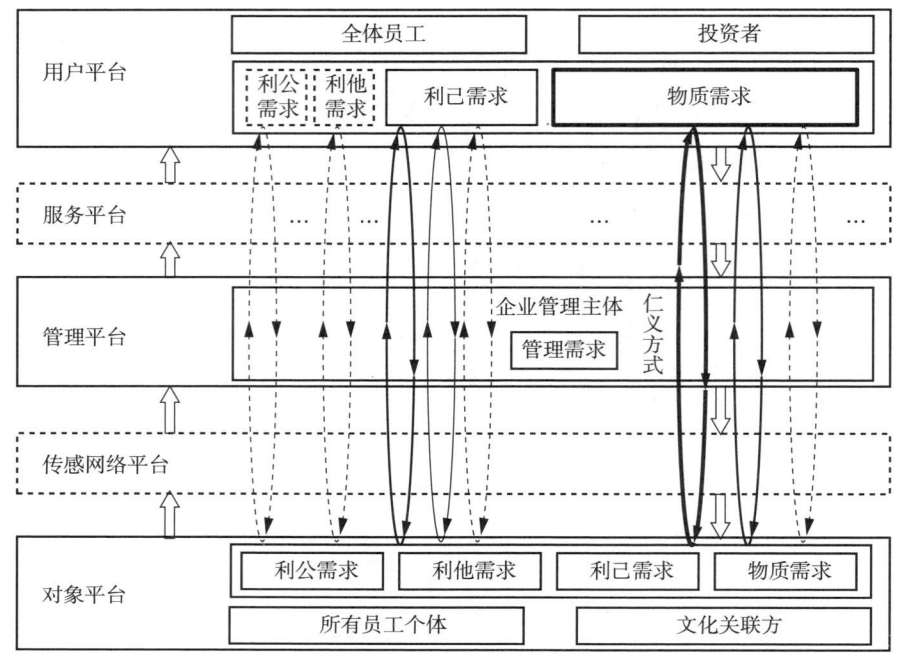

（c）以物质为主要需求（"仁义"为重要实现方式）

图 10-1　仁义文化的逻辑

（一）需求

1. 企业以仁义为本质需求

企业以仁义为本质需求存在三种情况：以仁义为主要需求、以仁义为次要需求以及以仁义为边缘需求。

企业用户平台以利公需求（"仁"）和利他需求（"义"）为主时，主要目标是通过运行企业增加人们的幸福感、促进社会的发展以及达成人与自然的和谐相处，并在运行过程中基于公理和正义同他者（包括他人、组织机构或动植物等）展开具体互动；此时用户平台以利己需求为次要需求，利己需求占比较小；并且轻物质需求，物质需求占比极小甚至不存在［见图10-1（a）］。企业用户平台的四种需求主次分明、相互关联、有序共存。

第十章 常见的企业文化分析

在经济飞速发展的时代，虽不时有物欲横流、缺乏公德的现象发生，但整个社会始终以倡导良善为主流价值观，这为坚持良善原则的社会组织奠定了长期发展的良好舆论环境。正如企业不以利己需求、物质需求主导企业文化物联网的运行，反倒可能在坚持仁义的基础上间接实现利己需求或物质需求。围绕仁义这一主要需求运行的企业，可收获以下三种结果。

（1）企业基于仁义需求运行，为大众做出贡献，为社会增加福祉，最大限度地利公；同时，企业与客户、供应商、合作企业等进行互动，将企业施行仁义文化的范围缩小至特定的个人、群体或组织（即利他），利公范畴与利他范畴相互转化。

（2）企业基于仁义需求运行，在运行过程中间接带动利己需求的实现。企业秉持仁心大爱、坚守正道，其高尚的企业形象会受到人们的尊重和称颂（"名"的需求得以实现）；得到客户对企业品牌、产品和服务的信赖，客户忠诚度增加，企业可以增强市场话语权和影响力（"权"的需求得以实现）。

（3）企业在仁义需求得到实现的前提下，间接带动物质需求的实现。虽然以仁义为主要需求的企业能获得更多参网和组网的机会，但此类企业较为轻视物质需求，尤其是"义"与"利"相冲突时，未必有能力做到义利兼顾。在舍利而取义时，往往很难达到物质需求的最大满足。但长期来看，企业基于仁义需求运行，能够得到合作者的信赖，从而获得更多参网和组网的机会，获得对自身发展有利的商机，间接实现自身的物质需求。

有一些企业也会迫于现实的生存压力，不把仁义需求当作主要需求，而是当作次要需求或边缘需求。这类企业以其他需求为主要或次要需求，同时心怀高尚追求，不忘对社会尽责，从而兼顾其现实物质基础与高远理想。

上述出于本心产生仁义需求，以追求仁义为目的的文化，均属于第一层次的仁义文化。第一层次的仁义文化是企业的美好追求，是企业在生存和发展任务较重的情况下坚持践行的高尚文化。

除此之外，人们也会见到三个外显层次的仁义文化——把"仁义"当作其他主要需求的重要"实现方式"的文化［见图10-1（b）、10-1（c）］。

2. 企业以利己需求或物质需求为本质需求

第二层次的仁义文化即不以仁义为初衷但能行仁义之事。企业以其他需求（利己需求、物质需求）为本质需求，在综合考虑各方面因素的情况下采用仁义的方式来实现需求。选择仁义方式的企业常常表现出嘉言善行，而嘉言善行是懿德高风的基础，能够不断提升企业的思想境界。因此，在市场经济时代，企业能具有第二层次的仁义文化已实属不易。

第三层次的"仁义文化"即借助仁义的名义谋取个人利益。企业在不触碰法律底线的前提下营造仁义的假象，谋求企业的利益最大化。这一层次的"仁义文化"并非真仁义，没有弘扬仁爱、义理，因此不值得提倡。

第四层次的"仁义文化"即企业打着仁义的幌子做着毫无底线的事，不讲道德，罔顾法律。这一层次的"仁义文化"实则弄虚作假，需坚决打击。

下面依照图10-1描述第一、二层次仁义文化中的需求实现方式。

（二）需求的实现方式

1. 仁义需求的实现方式

仁义作为主要需求时，由主网、主次网、边缘网三类子物联网的运行支撑该需求的实现。仁义作为次要需求时，由主网、主次网、边缘网三类子物联网的运行支撑该需求的实现。仁义作为边缘需求时，由边缘网的运行支撑该需求的实现。

（1）企业以仁义为主要需求时采取的实现方式

如图10-1（a）所示，在企业仁义文化物联网这一体系里，仁义需求的主要实现方式是主网。用户平台秉持仁义需求、对象平台也有相同或相近的需求时，彼此间相互理解，文化沟通较为顺畅，较少出现认同障碍。

在理想状态下，管理平台采取仁义方式（即平等看待所有人的方式）开展经营管理，成为满足用户平台、对象平台仁义需求的主要方式。不过，企业上下皆一味地利公和利他，不去宣扬企业胜过其他组织的实力，容易使自身在生产力、市场竞争力等方面处于劣势；加上企业有发展经济、获得利润的基本要求，企业在经营中很难完全脱离利己需求或物质需求去追求更高层次的仁义需求。因此，管理平台为了维持整个企业经济的良好运转以及企业仁义文化物联网体系的和谐运行，会根据实际情况选择适合企业实现需求的方式，并促使该方式获得用户平台的认可与授权，进而在实际中常常出现对象平台的需求与用户平台的需求相异但能成为主网的情况，仁义方式反倒处于次要或边缘地位。管理平台选择主要方式时，以最大限度满足用户平台的仁义需求为导向，兼顾对象平台的其他一些需求（不一定是对象平台的主要需求）；而选择次要方式时，则做出适当倾斜，尽量在兼顾对象平台主要需求的同时促进用户平台仁义需求的实现。

例如，在用户平台以仁义需求为主要需求的情况下，如对象平台的主要需求为利己需求（与此相应，利他需求和物质需求是其次要需求，利公需求是其边缘需求）。管理平台在得到用户平台授权后，考虑到利他需求与利公需求之间更易进行转化，从而选择能最大限度满足用户平台主要需求——利公与利他需求的方式作为主要实现方式（该方式便是主网），既使用户平台满意，又兼顾了对象平台的次要需求——利他需求。同时，管理平台选择能较大限度契合对象平台的主要需求——利己需求并兼顾用户平台仁义需求的方式作为次要实现方式（该方式便是主次网，是用户平台仁义需求的次要实现方式），在鼓励对象平台为企业争取荣誉、提升影响力和价值、增强企业实力的基础上，间接为企业施展仁义文化增加机会、奠定社会基础，促进用户平台仁义需求的实现。

仁义需求的边缘实现方式是企业仁义文化物联网体系中的边缘网。该网也是旨在实现用户平台仁义需求的子物联网，只是作用不如主要方式和次要方式明显。

(2) 企业以仁义为次要需求时采取的实现方式

在以仁义需求为次要需求的企业文化物联网体系中，仁义需求的主要实现方式是次主网，次要实现方式是次次网，边缘实现方式是边缘网。

(3) 企业以仁义为边缘需求时采取的实现方式

在以仁义需求为边缘需求的企业文化物联网体系中，仁义需求的所有实现方式均为边缘网。

2. 仁义作为其他需求的重要实现方式

在企业不具有仁义需求却宣扬企业有仁义文化时，仁义便作为一种实现方式被彰显出来。仁义作为需求的重要实现方式集中表现在企业文化体系的主网、主次网和次主网上。这种方式可能是实际存在的，也可能只是名义上存在，即一个口号、旗号或幌子。

(1) 仁义在企业利己文化物联网中作为重要实现方式

如图 10-1（b）所示，企业用户平台以利己需求为主要需求、以物质需求为次要需求，这类企业重视声誉，极力以社会认可的方式创造价值、交换价值和分享价值，使企业成为受到社会尊重和赞许的组织，自然会选择仁义方式作为其需求的重要实现方式。

仁义作为利己需求的主要实现方式（主网）时，对象平台的主要需求可以是利公需求、利他需求、利己需求或物质需求，其中比较常见的是对象平台以利己需求或物质需求为主要需求。在用户平台和对象平台都希望利己的情况下，双方均认为采用仁义方式能够树立美名、彰显自我实现价值，从而支持管理平台采取这一方式进行公司管理和外部活动。

在用户平台追求利己、对象平台追求物质的情况下，双方的需求存在错位关系：如缺乏对对象平台的文化引导，对象平台容易为了实现物质利益的最大化而采取偷工减料制造产品、以次充好降低成本或减少工时等有损企业声誉的方法，导致用户平台的利己需求难以得到较好的满足。因此，这种情况更需要管理平台的协调与统合。管理平台基于综合考量，提出采用仁义方式进行经营管理：一方面说服用户平台，仁义经营能够使企业收获无形的财富——企业形象、口碑与声誉等，为企业获得社会认可与尊重奠定基础；另一方面对对象平台进行说服和教育，使对象平台明白虽在短期很难使企业创造的经济价值最大化，但仁义经营的企业能够获得许多组网和参网的机会，可达到稳步发展、长期获益的效果。阐明利己、物质与仁义的关联，将三者统合起来，从而同时满足用户平台与对象平台的需求，也凝聚了企业全体员工的心。

仁义作为利己需求的次要实现方式（主次网）时，表明管理平台找到了比仁义更能满足用户平台利己需求的方式，如诚信方式、合作方式或竞争方式等，同时仁义方式也能为实现利己需求发挥较为重要的作用。

仁义作为利他需求或物质需求的主要实现方式（次主网）时，表明管理平台认为仁义方式能够较好地实现利他或增加获得物质的联网机会，并能够平衡用户平台与对象平台之间的需求。

（2）仁义在企业物质文化物联网中作为重要实现方式

如图10-1（c）所示，企业用户平台以物质需求为主要需求、以利己需求为次要需求，这类企业以获取物质为最大目标，可采取各种方式来满足其物质需求。但这类企业还有利己需求这一次要需求，加上对象平台未必是以物质需求为主要需求，因此在实现方式上有所侧重。

仁义作为物质需求的主要实现方式（主网）时，表明企业看中仁义方式对最终获取物质利益的重要作用。同理，仁义作为物质需求的次要实现方式（主次网），也说明仁义方式能一定程度上实现物质需求，同时采取更有力的方式来满足物质需求。

仁义作为利己需求的主要实现方式（次主网），表明企业重视声誉和社会价值实现的同时，更倾向于较大限度地满足物质需求，因而把仁义方式放在了相对重要的位置。

第二节 诚信文化分析

一、诚信文化

诚信即"诚实守信"。"诚实"即忠于事物的本来样貌,不隐瞒自己的真实思想,不掩盖自己的真实感情,不为不可告人的目的而欺骗别人;"守信"即讲信用,讲信誉,信守承诺,忠实于自己承担的义务,是以诚为本、以信为先的中国传统文化,也是维系社会秩序必不可少的道德规范。同时,诚信不仅是为人之本,也是从业之要,企业诚信文化主要表现为企业与社会、企业与企业、企业与个人之诚实守信,不损害对方和公众利益,如个人在所属企业诚实劳动,遵守合同与契约,企业在社会和行业中保证产品和服务质量,与其他企业合作时能够信守承诺等。

二、诚信文化逻辑

诚信文化在企业中的信息运行如图10-2中诚信文化的逻辑所示。

第十章　常见的企业文化分析

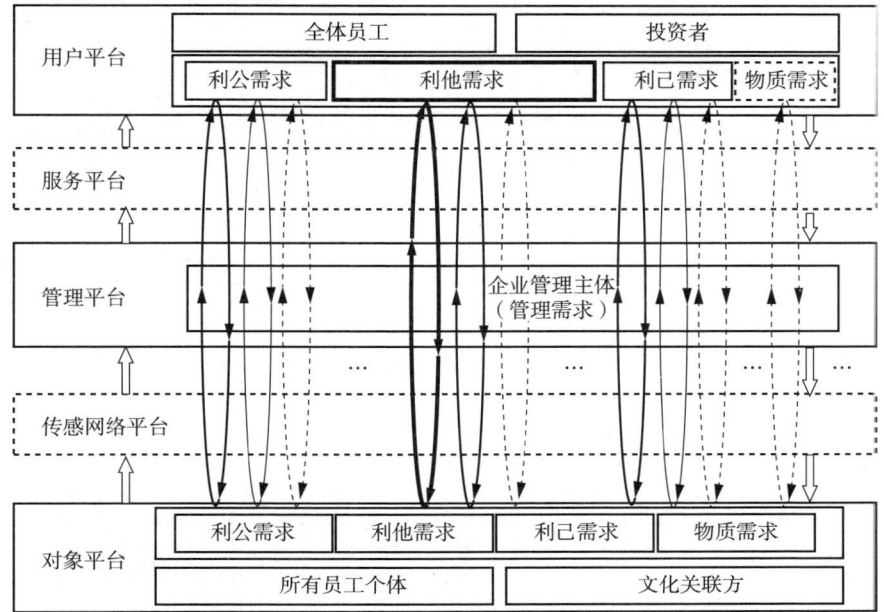

（a）本质

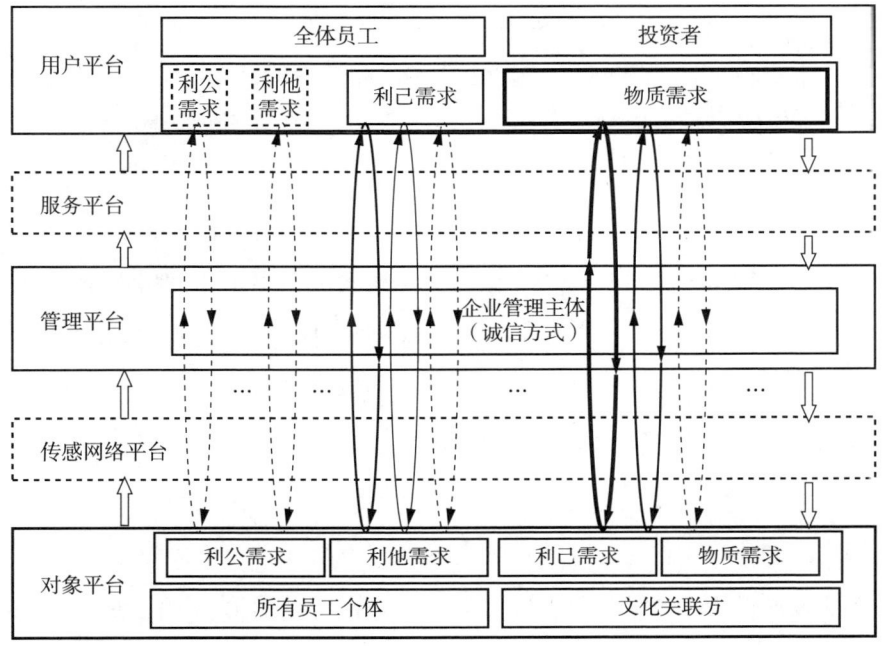

（b）方式

183

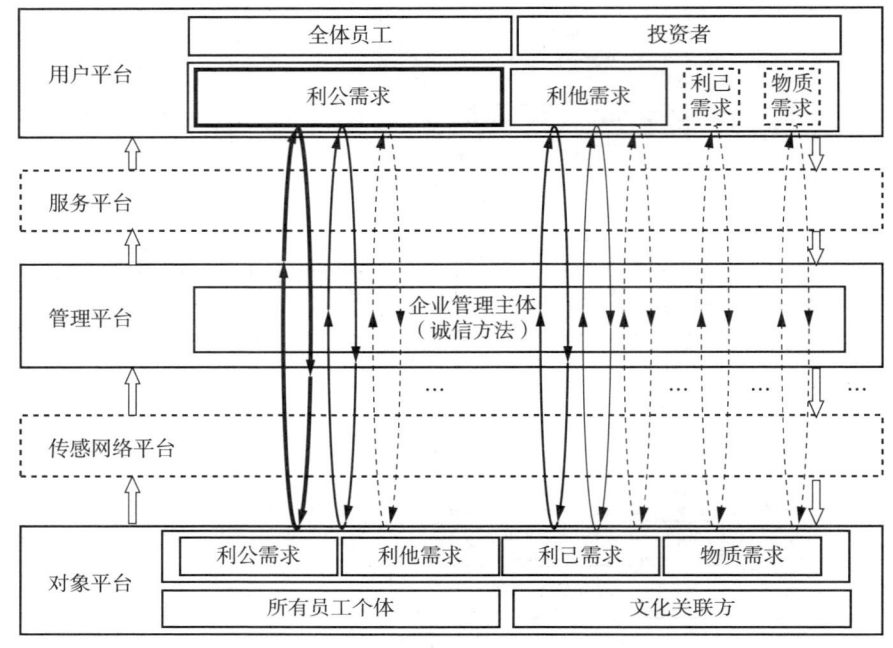

（c）方法

图 10-2　诚信文化的逻辑

（一）需求

企业诚信文化以用户平台的利他需求为主要需求，利公、利己、物质需求并存［见图10-2（a）］，此时企业如以"诚信"作为企业文化的基础和本质，则主要体现在诚信文化的第一层次中；当企业诚信文化以用户平台的物质需求为主要需求，利公、利他、利己需求并存［见图10-2（b）］，这时企业如以"诚信"作为企业的谋利和利己手段，并以道德、法律为底线或不惜违法犯罪，则主要体现在第二、第三、第四层次中。

企业基于诚信文化，行利他、利公之事，以利他为主要需求，此为第一层次。企业将诚信文化的建设纳入制度建设层面，一方面将诚信作为一种企业道义，希望以诚治企、以文兴企，培育"诚信第一，品格第一"的理念，将诚信作为高尚的人格力量；另一方面企业将诚信作为一种社会责任，推进诚信文化的道德建设，从自身做起，想要从整体上提升社会的道德水平，营造诚信的舆论气氛，有利于人与人之间和谐相处。通过在企业的内部和外部获得良好的秩序，企业希望让员工和管理者拥有诚信素质，减少失信的经营行为，促进社会、市场以及行业的健康发展。

企业以"诚信"作为满足用户平台的利己、物质需求的方式，此为第二层次。第二层次中包括以利己需求或以物质需求为主要需求的物联网。企业基于诚信文化，当以利己需求主导时，企业希望通过遵守"诚信"规则，维护"诚信"氛围，获得良好的企业信用。良好的信誉可以赢得客户，赢得市场，赢得支撑长期可持续发展的名誉。当企业以物质需求主导时，诚信可以作为一种获取物质资源的手段，如通过遵守"诚信"的行业规范或市场规范，有秩序的交易方式，能够极大地降低企业与其他市场主体之间的交易成本。

若企业通过宣传自身的"诚信"，实行"假诚假信"，即打着诚信的幌子，做着表里不一的事情，虽以法律为行为界限，但却违背道德底线，此为第三层次。企业对外宣传自身的"诚信"，实则在市场中忽视商业伦理和职业操守，没有规则意识和职业素养，例如，企业通过树立"诚信"形象来吸引客户，然而在与客户签订合作合同后毁约，或不按约定时限交付产品等。

若企业通过宣传自身的"诚信"，实行"假诚假信"，谋取不正当利益，突破了法律底线，此为第四层次。如企业制造假冒伪劣产品，通过虚假信息进行宣传（夸大产品功效，隐瞒产品副作用，承诺售后实则并不提供售后服务等），表面诚信，实则欺瞒坑骗消费者，以"缺失诚信"的违法犯罪方式来获取不正当利益。

（二）需求的实现方式

企业诚信文化需求实现的方式是组建或参与物联网的运行。要实现以诚信文化为基础的企业文化，则需组建企业诚信文化物联网或以诚信文化物联网参与外部联网运行。

1. 企业诚信文化的内部运行

（1）平台内部的运行

以下详述以诚信文化为本质的文化物联网体系（即第一层次）之中平台内部的文化信息运行。

诚信文化在用户平台内运行：诚信文化的控制信息由用户平台发出，并在内部形成信息的闭环运行，其表现为"以诚为本，以信为先"的思想信念。

诚信文化在管理平台内运行：管理平台通过服务平台接收用户平台利公、利他、利己或物质需求，管理平台根据用户平台不同的需求，协调统一，制定相关的培训计划或规章制度，加强对对象平台的诚信教育工作，如建立员工诚信管理体系，使诚信文化信息在企业中高效运行。

诚信文化在对象平台内运行：在感知信息的运行过程中，对象员工将感知诚信文化需求，通过具体的利公、利他、利己或物质性质的行为及思想，满足用户平台的文化需求。通常表现为员工认识到诚信管理所形成的秩序，以及这种秩序有助于企业取得成功和维持良好的组织体系，对象员工也希望以此获得良好绩效或长期信誉。对象平台通过管理平台的直接管理或培训，坚持诚信原则，诚信生产，将诚信品质内化于心，或将诚信做事的原则运用于工作场景中。

（2）平台之间的运行

企业诚信文化在平台之间的运行通常有三种情况。

情况一：以诚信文化为基础和本质的企业［见图10-2（a）］，运行以利他需求为主要需求的物联网。

企业诚信文化的主网运行：将诚信文化作为企业文化的根基，以用户平台的利他需求、对象平台的利他需求为主要需求参与形成主网，对象平台展现出"以诚利他"的精神，如秉承职业道德精神，提高自身专业技能，提倡团队精神，严谨操守、廉洁自律，与用户平台的利他需求相一致。企业诚信文化的主网运行，是企业诚信文化的主要实现方式。

企业诚信文化的次网运行：其中，以用户平台的利他需求、对象平台的利公需求为主要需求参与形成主次网①，对象平台展现出"以诚利公"的精神，如真诚待客，处处为顾客着想，为企业负责，对产品负责，是在用户平台利他需求基础上的"利大公"需求。其中对象员工"利公"之心往往源于内心价值观，表现为一种自觉自愿，无我无私的主观愿望和外在表现实现高度统一。他们乐于奉献更多的时间、精力和资源，并且不求对等回报，与用户平台展现的温和适度的制度以及对员工和产品的诚信精神形成了"合作双赢"的局面，往往会超过用户需求或与用户需求存在少许偏差，运行效果尚可。以用户平台的利他需求、对象平台的利己需求为主要需求参与形成主次网②，对象平台展现出"以诚利己"的精神，运行较为顺畅。企业通过激励、奖励政策，能够切实满足"利己者"的需求，调动"利己者"的积极性，更好地遵循和建设企业的诚信文化，两平台在一定条件下可以达到需求互补。

其中，以用户平台的利公需求为次要需求、对象平台的利他需求为主要需求参与形成次主网①；以用户平台的利己需求为次要需求、对象平台的利他需求为主要需求参与形成次主网②。

其中，以用户平台的利公需求为次要需求、对象平台的利公需求为主要需求参与形成次次网①；以用户平台的利公需求为次要需求、对象平台的利己需求为主要需求形成次次网②；以用户平台的利己需求为次要需求、对象平台的利公需求为主要需求形成次次网③；以用户平台的利己需求为次要需求、对象平台的利己需求为主要需求形成次次网④。

企业诚信文化的次网运行，是企业诚信文化的次要实现方式。

企业诚信文化的边缘网运行：除以上主网与次网外，其他均为边缘网运行，对象平台和用户平台的边缘需求是以获取物质利益为其主要需求，两者需求存在较大差距，用户平台看重企业人员对公司发展的贡献、岗位上的兢兢业业以及诚信利他等表现和行为，而对象员工更在意物质利益的获取，仅仅关心业绩、奖金等关于物质的指标性数据，其边缘网的运行效果较差。管理平台可以通过协调纠正，但总体协调效果较差或只能使对象平台被迫接受，其协调方式也较为单一，即向其灌输"以诚获利"的思想原则，如通过物质刺激或交换，促使员工遵循相应的诚信文化，而对象员工往往会出于对职位、工资、奖金等物质需求的考量，从而被迫接受其文化。因此，企业诚信文化的边缘网运行，是企业诚信文化的次要实现方式。

情况二：以诚信文化为外化手段和方式的企业[图10-2（b）]，运行以物质需求为主要需求的物联网。

企业以"诚信"为方式的物联网主网运行：将诚信文化作为企业实现物质利益需求的方式，以用户平台的物质需求和对象平台的物质需求为主要需求参与形成主网。对象平台期望获得更多的福利、津贴、奖金或股票期权等，同时努力为公司创造物质利益以此获得更多的奖金，两平台需求一致，物联网运行最为顺畅。企业以"诚信"为方式的物联网主网运行，是情况二中企业诚信文化的主要实现方式。

企业以"诚信"为方式的物联网次网运行：其中，以用户平台的物质需求和对象平台的利己需求为主要需求参与形成主次网，对象平台在个人层面展现出对个人名誉、受重视程度、个人影响力、工作成果、富有价值的贡献以及业绩、绩效的追求，在公司层面展现出对企业形象、企业市场占有率的追求，与用户需求差距较小，在一定程度上能够辅助主网运行，管理平台利用"诚信"文化，吸引客户，实现更好的运行效果，取得企业长期稳定的生存与发展；以用户平台的利己需求为次要需求、对象平台的物质需求为主要需求参与形成次主网；以用户平台的利己需求为次要需求、对象平台的利己需求为主要需求参与形成次次网。企业以"诚信"为方式的物联网次网运行，是情况二中企业诚信文化的次要实现方式。

企业以"诚信"为方式的物联网边缘网运行：除以上主网与次网外，其他均为边缘网，对象平台和用户平台的边缘需求是倾向利公与利他或二者兼有的。用户平台的主要需求是追求公司层面的高绩效、高产出。对象员工在利公需求的主导下，体现为对经济利益的追求较为淡薄，更为看重公司的爱国热忱、公益情怀等。用户平台和对象平台二者需求差别较大，在运行效果上，可能无法辅助主网运行或辅助效果较差，由此需由管理平台用"诚信"的方式或手段进行调整，将诚信服务公众与企业目标相融合，仅将"诚信"作为务公的手段，缺少价值观的建立，其调节效果较差；对象员工在利他需求的主导下，更加注重企业在生产经营过程中所具有的诚实、信守承诺的道德观念，用户平台和对象平台的需求同样差别较大，因此在运行效果上，同样可能无法辅助主网运行或辅助效果较差，管理平台采取"诚信"方式调节其运行效果，如企业管理者率先垂范、身体力行地运用"诚信"的方式工作、学习及管理，但公司整体仍以利益为核心诉求，其调节效果可能仍然不尽如人意。因此，企业以"诚信"为方式的物联网边缘网运行，是情况二中企业诚信文化的边缘实现方式。

情况三：以诚信文化为方法的企业［图10-2（c）］，运行以利公需求为主要需求的物联网。

企业以诚信文化为方法的物联网主网运行：将诚信文化作为企业实现利公需求的方法，以用户平台的利公需求和对象平台的利公需求为主要需求参与形成主网。在企业有履责意愿和能力的基础上，有效引领企业参与社会治理，履行社会责任，推动社会经济的发展，利用"诚信"的方法，构建和谐社会、自然等，在此过程中用户平台和对象平台上下一心，运行最为顺畅。企业以诚信为方法的物联网主网运行，是情况三中企业诚信文化的主要实现方式。

企业以诚信文化为方法的物联网次网运行：其中，以用户平台的利公需求和对象平台的利他需求为主要需求参与形成主次网，对象平台的利他需求主要体现为对特定组织、群体以及对象的关心关爱，如对象平台重视客户服务、爱岗敬业、诚信文化等，与用户平台需求接近，运行效果较好；以用户平台的利他需求为次要需求、对象平台的利公需求为主要需求参与形成次主网；以用户平台的利他需求为次要需求、对象平台的利他需求为主要需求参与形成次次网。企业以诚信为方法的物联网次网运行，是情况三中企业诚信文化的次要实现方式。

企业以诚信文化为方法的物联网边缘网运行：除以上主网与次网外，均为边缘网，其中对象平台和用户平台的边缘需求是倾向利己和物质的，如对象平台展现出对个人名誉、受重视程度、个人影响力、工作成果、富有价值的贡献以及业绩、绩效等的追求，与用户平台需求不一致。在管理平台的协调统筹下，在整体物联网中的运行效果不佳，甚至在运行中可能阻碍用户平台主要需求的实现。企业以诚信为方法的物联网边缘网运行，是情况三中企业诚信文化的边缘实现方式。

2. 企业诚信文化对外联网运行

在企业诚信文化对外联网的运行中，无论是以"诚信文化"为企业文化的根基，还是将"诚信文化"作为企业谋利的手段，其本身都能给企业带来更多组网和参网的机会。

当以"诚信文化"为企业文化根基时，通过诚信文化的建设，在不断对外交流的过程中，能够赢得创业和发展的机遇，提升企业的生命力和活力，同时使企业拥有更多的客户，并建立起"共生共赢"的合作关系。企业通过诚信文化发展壮大的同时，企业内部员工也容易形成强烈的归属感和自豪感，形成正向循环的力量，更加积极地参与建设企业诚信文化。

当以"诚信文化"为企业谋利的手段时，虽短时间内能够为企业带来更多组网、参网的机会，但长期来看，不利于企业在社会、行业中立足以及与合作者的长期合作发展。

第三节 家族文化分析

一、家族文化

企业的家族文化（家族企业）一般指以有亲缘关系的家族为基础、以家族的管理模式为特征的企业文化系统。家族决定了企业的组织体系与发展方向，对企业的影响比较显著，是其与非家族企业的差别所在。企业的家族文化强调家族的认同和强化、家族的延续与和谐，并强调个体服从整体，即企业员工服从家族利益。

企业家族文化的核心是家族利益，包括家族的荣誉、地位、威望、延续性，外在表现为家族共同的价值观，即家族精神，不同的家族精神有不同的表现，如诚信、服务、质量。以亲缘关系为基础的继承制则为家族利益的实现和延续提供了制度保障。

二、家族文化逻辑

企业家族文化的逻辑如图10-3所示，根据本书企业文化的逻辑，家族文化中用户平台的主要需求为利己需求，次要需求为利他需求和物质需求，边缘需求为利公需求。家族文化通过组建文化物联网（以下简称"组网")或参与文化物联网(以下简称"参网")的形式实现需求,各个需求均有主要实现方式、次要实现方式和边缘实现方式,分为企业对内的文化物联网运行(包括各平台间的物联网运行和平台内部的物联网运行)和企业对外的文化物联网运行。

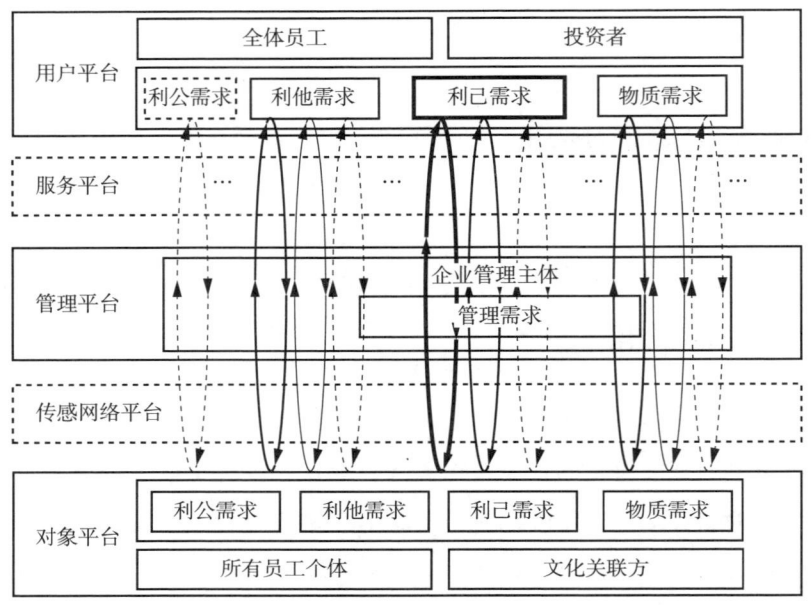

图 10-3 家族文化的逻辑

(一)需求

企业家族文化的需求按优先级和重要性分为主要需求、次要需求和边缘需求。家族利益是企业家族文化的核心,利己需求是家族文化的主要需求,表现为企业维护与强化家族荣光、地位和影响力,并保证其延续性。利他需求和物质需求是家族文化的次要需求,家族利益的实现需要以物质为基础,家族企业同样追求物质需求的实现。家族企业通常具有一定的规模,家族的地域性也是其特点之一,家族企业有时会按照地域分布进行分类,如山西晋商,家族的产生和壮大离不开与当地社会环境的紧密结合。此外，家族文化有一定的利公需求作为其边缘需求。

家族企业通过组网和参网的形式实现自身需求。企业的用户平台，即具有亲缘关系、具有决策权的家族核心成员，通过在企业内部与外部组建文化物联网来实现自身的利己需求；对于企业的对象平台，则通过参与文化物联网来实现需求。

（二）需求的实现方式

1. 企业内部物联网运行

（1）各平台间的运行

家族文化物联网中主要需求的运行如图 10-4 所示。

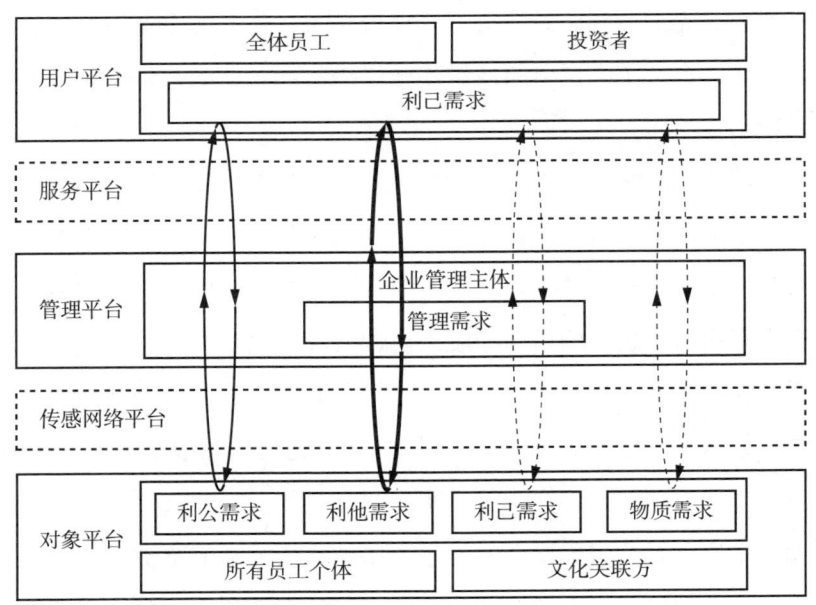

图 10-4 家族文化的逻辑（主网）

主要需求的实现方式（主网）：理想情况下，对象平台以利他需求（利他的对象在企业内部）为主要需求时，对象平台认可家族精神、员工个体服从家族的领导和管理并优先服务于用户平台需求。用户平台的利己需求和对象平台的利他需求协调一致，以实现家族利益为目标和导向，管理平台的管理效率提升，此时形成企业以利己需求为主导的文化物联网，且以"利己—利他"方式为主网，整体运行的效率较高。

主要需求的次要实现方式（主次网）：①当对象平台以利己需求为主要需求参与家族文化物联网运行时，对象平台考虑自身的名、权、利的实现，与用户平台实现家族利益的需求相冲突，彼此的需求难以同时实现，物联网运行效果较弱。此时，各平台的矛盾和冲突可以用利他或利公的方式来协调，从而增强家族文化物联网的运行效果，例如，用户平台带领员工参与慈善事业，不仅可以增强员工个人的荣誉和名声，也可以广泛传播家族企业的美名。②当对象平台以利公需求作为主要需求参与家族文化物联网运行时，企业的利己需求也可以获得实现。作为的企业一分子，员工个体有利于社会的举动可以间接建立并传播家族企业的良好形象，增强其社会影响力。

主要需求的边缘实现方式（边缘网）：当对象平台以物质需求为主要需求参与家族文化物联网运行时，员工以赚取薪酬、积累财富作为工作的首要目标，更加注重个体的物质收入，较少关注家族的名声和地位等。此时，管理平台可以通过物质的手段来协调对象与用户间的冲突，例如，制订巩固、扩大生产规模的相关措施，促使企业实现更好的经济效益，为员工个体的收入提供保障，也可以为家族获得更大的市场话语权提供物质基础。

由于用户平台的组成以亲缘关系为基础，从根本上维护的是家族成员的利益，企业中往往会出现用户平台不信任对象平台员工个体（即非家族成员的员工个体）、对象平台不认可家族精神的情况，此时管理平台的管理和协调难度加大。用户平台对于非家族成员的接纳度、信任度以及对象平台对于家族精神的认可度均会影响企业的发展，因此如何在用户和对象之间做好协调和交流,是家族文化企业应关注的重点之一。

家族文化次要需求文化物联网运行:当家族文化以利己需求为主要需求时,家族文化的次要需求分为利他需求和物质需求。在利他需求文化物联网中,如图10-5所示,家族利他需求的主要实现方式是与以利己需求为主要需求的对象平台组建物联网,用户平台对内优先考虑员工个体,对外优先考虑消费者、客户等群体的利益,用户平台可以为员工个体提供更多的发展机会和平台以实现自我价值。在物质需求文化物联网中,如图10-6所示,家族物质需求的主要实现方式是与以物质需求为主要需求的对象平台组建物联网,当企业上下一致以物质利益为导向时,有利于扩大企业的发展规模和提升经济效益。

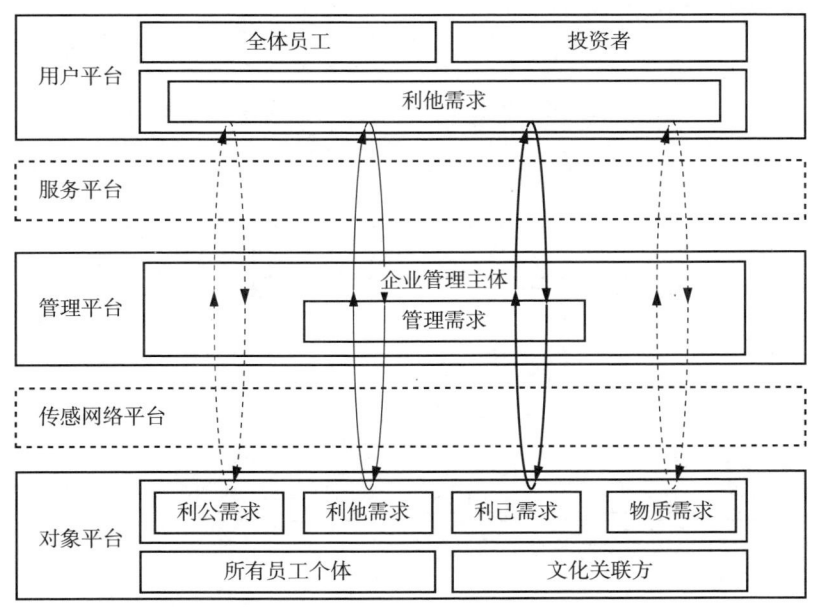

图 10-5　家族文化的逻辑(次网1:次要需求1)

家族文化边缘需求文化物联网运行:在以家族精神为核心的家族企业中,利公需求是边缘需求,如图10-7所示。企业或许会通过利公的手段实现利己需求,但较难直接以利公需求作为主要追求。

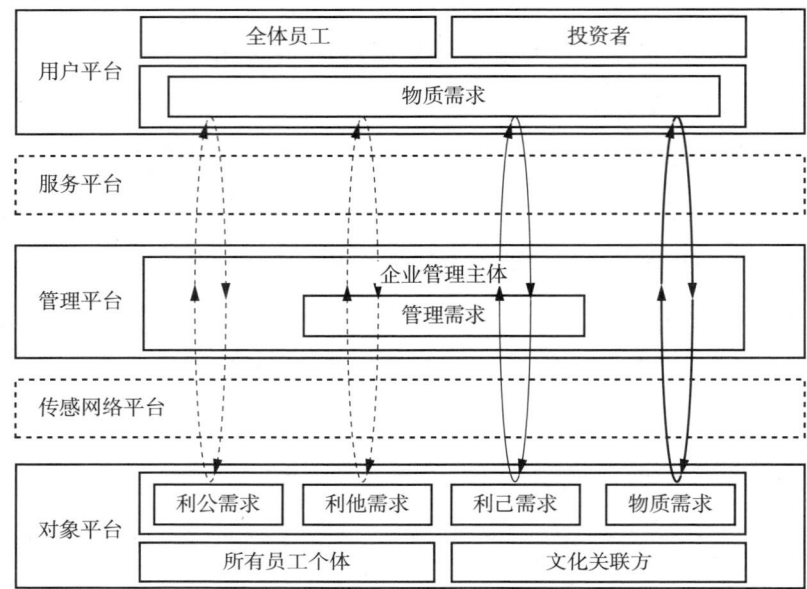

图 10-6　家族文化的逻辑（次网 2：次要需求 2）

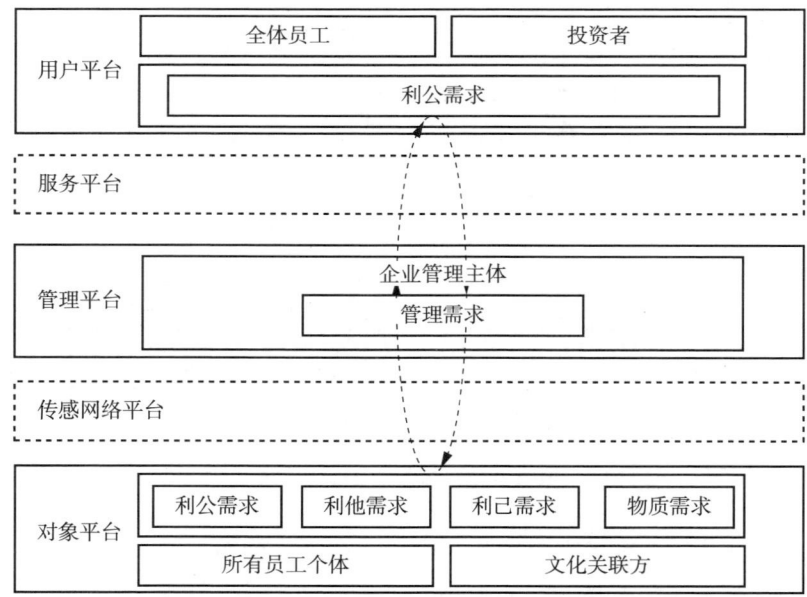

图 10-7　家族文化的逻辑（边缘网：边缘需求）

(2) 平台的内部运行

用户平台：家族文化中用户平台全部由家族成员构成，拥有绝对的决策权。用户平台需要维护家族的领导地位、巩固并弘扬家族精神，制定一系列维护家族利益的规章制度，对企业发展进行战略布局，组建家族文化物联网并运行。由于家族企业维护的是家族利益，企业员工对于家族精神的认可和领悟至关重要，用户平台在企业建立人才库时应注意甄别、招募与家族价值观匹配的员工。

管理平台：在家族文化企业中，由于存在如何使员工个体更好地接受和践行家族精神这个问题，因此管理平台的角色显得尤为重要。管理平台需准确传达家族精神，营造良好的文化氛围，使家族精神浸入人心，并且需要将维护家族利益的需求和指示细化为具体的规则或指令，针对用户平台和对象平台需求不一致的情况进行管理和协调，例如，将用户平台的家族精神融入对象平台的个体需求，以对象平台可接受的方式与员工个体进行沟通和协商，力求物联网运行效率的提高。

对象平台：对象平台学习、领悟用户平台的家族精神内核，将其与个体的需求相结合，最大限度地将家族精神内化于心，外化于行，尽可能满足用户平台的需求。

2. 企业对外物联网运行

家族文化的企业作为一个整体，对外展现的形式通常为家族精神和价值观。家族文化的延续离不开客户、社会公众对于其精神和价值观的认可，以及社会责任的履行，因此家族文化企业会通过利他、利公的方式采对外组网与参网，巩固家族长远的品牌价值、扩大潜在市场。

家族文化企业对外组建或参与的物联网类型包括国家、地区、城市、社区范围内的社企文化物联网，与高校、科研机构合作的校企物联网，以及与本行业或跨行业的其他企业间搭建的企企文化物联网。

第四节 灰度文化分析

一、灰度文化

企业中的灰度文化是指企业摈弃非黑即白的极端理念，以开放、协商、宽容为核心思想，作用于企业战略规划、发展创新、权力分配、管理尺度和原则制定及实施方法等方面。灰度文化强调企业战略方向的"大致"正确，"大致"即为企业发展过程中的多变性留有余地和空间，这种妥协和宽容恰好能够帮助企业保持坚定不移的正确方向。

灰度文化结合了现实和人性，基于合理的道德情景，在不违法犯罪的前提下运用妥协的策略，赋予过程多种可能性，聚焦于结果，用过程的确定性应对不可预测的结果。灰度文化追求诚信与真实，以妥协和开放的姿态追求企业内部的共荣。

二、灰度文化逻辑

企业灰度文化的逻辑如图10-8所示，根据本书的企业文化逻辑，灰度文化中用户平台的主要需求为物质需求，灰度文化企业所表现出的利公需求、利他需求和利己需求均服务于物质需求的实现。灰度文化的需求实现方式为组建文化物联网或参与文化物联网，需求实现方法为文化物联网的具体运行，分为企业对内的文化物联网运行（包括各平台间的物联网运行和平台内部的物联网运行）和企业对外的文化物联网运行。

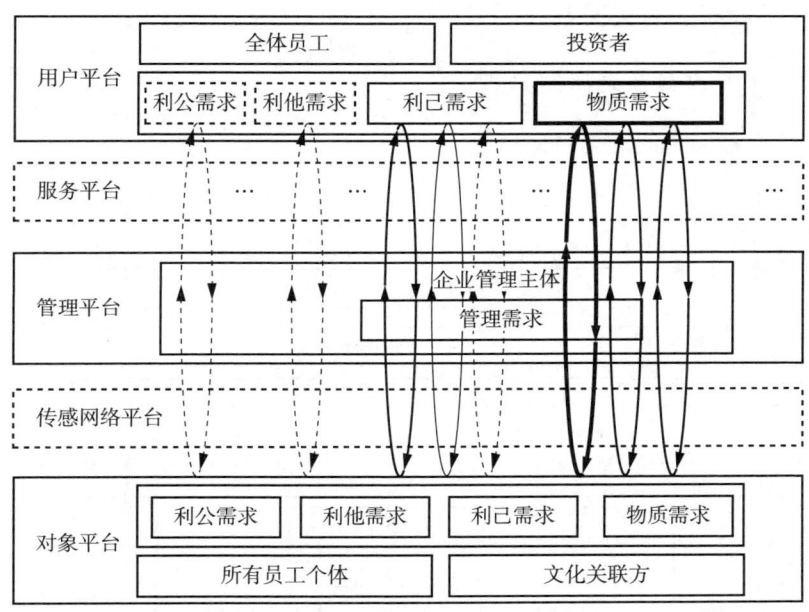

图 10-8　灰度文化的逻辑

（一）需求

企业灰度文化的需求按优先级和重要性分为主要需求、次要需求和边缘需求。物质需求是企业灰度文化的主要需求，灰度文化的核心是开放和妥协的思想，强调目标的坚定性和过程的灵活性，即通过多样的阐述或途径来实现物质需求，因此灰度文化的物质需求可以通过利公、利他、利己和物质的方式实现，均为企业灰度文化的物质需求服务。灰度文化是狼性文化的升级，后者强调以物质的方式实现物质需求，而灰度文化则为需求的实现途径增加了更多可能性。如图 10-8 所示，灰度文化企业的次要需求为利己需求，边缘需求为利公和利他需求。

灰度文化的企业通过组网和参网的形式实现自身需求。企业的用户平台通过在企业内部与外部组建文化物联网来实现自身的物质需求；对于企业的对象平台，则通过参与文化物联网来实现需求。

（二）需求的实现方式

1. 企业内部物联网运行

（1）各平台间的运行

灰度文化物联网中主要需求的运行如图10-9所示。

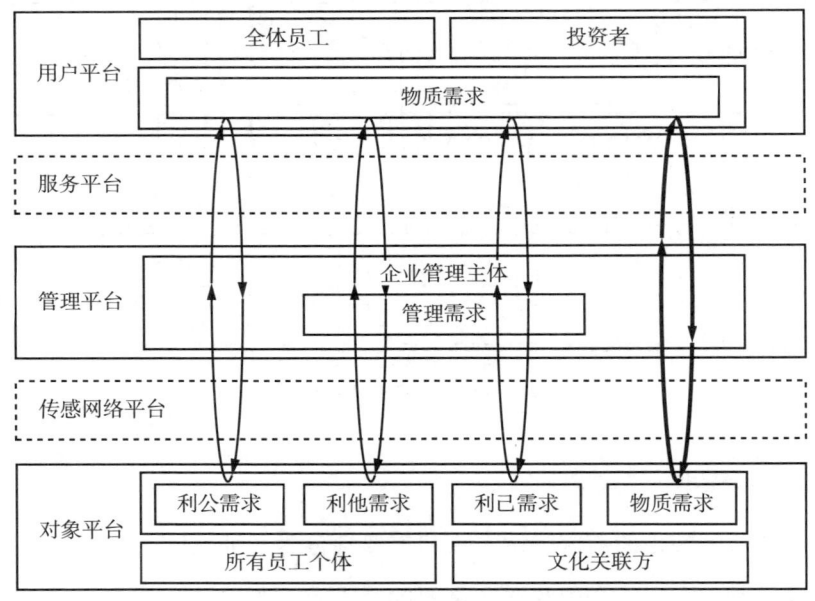

图10-9　灰度文化的逻辑（主网）

主要需求的主要实现方式：灰度文化物联网运行效率最高的情况是对象平台以物质需求作为主要需求，通过各种手段满足用户平台的主导性需求——尤其是其主要需求（物质需求）。对象平台认可用户平台的价值观，用户平台认可对象平台的执行能力，管理平台在其中起到良好的沟通和协调作用，企业内部集体目标一致，共同追求业绩的实现，此时形成企业以物质需求为主导的文化物联网,且以"物质—物质"方式为主网。

主要需求的次要实现方式:对象平台以利公需求、利他需求、利己需求为主要需求,对应用户平台的物质需求时,形成物质需求为主导的文化物联网中的次网,次网的运行效果较主网稍弱。当对象平台以利己需求为主要需求时,用户追求企业经济效益的实现,同时对象平台可以通过达成个人业绩、积累物质财富的方式追求个体名、权、利的实现。当对象平台以利公需求和利他需求为主要需求时,虽然与用户平台追求企业业绩、利益的需求看似相偏离,但由于灰度文化开放、妥协的特性,作为企业一份子的员工有利于企业外的他人和社会的举动可以为企业带来好的名声,从而增加企业的知名度以获得更多的商机;对于企业内部,员工利他的需求意味着员工可以用户平台的需求为先,因此可以满足用户平台自身对于物质积累的需求。此外,当员工因以企业外的他人、社会的利益为先,把用户平台的利益放在第二位,使得公司利益延迟实现或受损,此时灰度文化的物联网运行效果较弱,但用户平台秉持包容的态度,减小与对象平台的需求对立程度,管理平台加强沟通和协调,力促对象平台学习灰度文化,使对象平台尽可能把用户平台的需求作为主要导向,把利公和利他需求作为次要需求,通过其他方式尽可能减少公司的利益损失。

灰度文化企业的特点是管理方式的开放和灵活,灰度文化物联网的特点是主网和次网的差别较为模糊,当管理方式足够灵活,管理平台的协调效率较高时,次网的运行效率可以增强,实现向主网的转化。

灰度文化次要需求的文化物联网运行:利己需求是灰度文化企业的次要需求,如图10-10所示,除追求纯粹的物质利益之外,灰度文化企业对于自身的社会地位、名声、影响力也有一定的需求。对象平台认可企业精神、忠诚于用户平台和企业并优先服务于用户平台需求,以企业的荣辱为荣辱,以企业的命运为命运,此时用户平台的利己需求和对象平台的利他需求协调一致,形成灰度文化企业次要需求文化物联网主网。

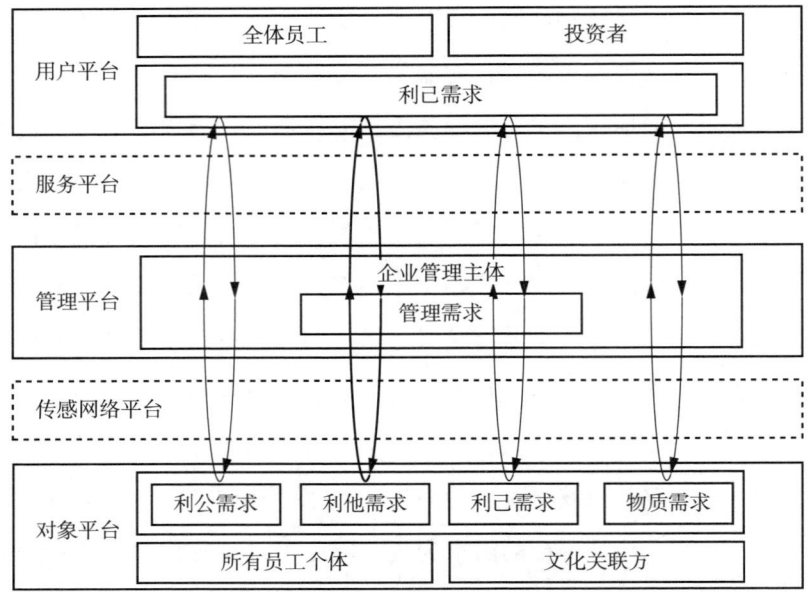

图 10-10 灰度文化的逻辑（次网：次要需求）

灰度文化边缘需求的文化物联网运行：对于灰度文化企业，利公需求和利他需求常作为边缘需求，如图 10-11 所示。灰度文化企业强调过程和方式的灵活性，因此不乏通过利公和利他的手段攫取物质价值的行为，但较少会直接将利公与利他作为自身的主要需求。

（2）平台的内部运行

用户平台：灰度文化强调用户平台的素质，用户平台的素质决定了企业发展的方向和节奏。灰度文化企业的用户平台需制定清晰、明确的企业发展目标，抓住企业经营中各种矛盾关系中的主要矛盾，放弃极端和平衡的思维，同时需提高自身的开放性与包容性。灰度文化的重点在于用户平台的开放、妥协的管理方式。

管理平台：灰度文化需要企业管理平台的系统性思维，反对管理模式的极端化。管理平台负责准确传达用户平台的需求和指令，并将其细化为具体的规则或指令。针对用户平台和对象平台需求不一致的情况进行管理

第十章 常见的企业文化分析

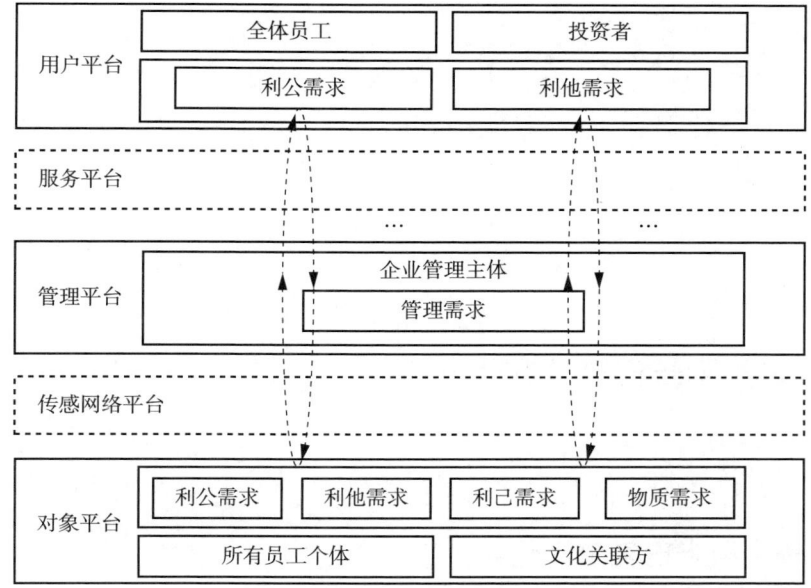

图 10-11 灰度文化的逻辑（边缘网：边缘需求）

和协调，秉持开放、妥协、包容的管理模式，注重过程而非结果。

对象平台：对象平台学习、领悟用户平台对于企业发展的规划，将其与个体的需求相结合，最大限度地将用户平台需求内化于心，外化于行，形成一致的目标，尽可能匹配用户平台的需求。

2. 企业对外物联网运行

对于外部的商业、社会环境，灰度文化企业强调以宽容、妥协的态度，与各类关联方共同创造良好的生存空间、协同发展、共享资源，找准外部不利环境中的机会点，并将其转化为自身可利用的资源。

灰度文化的企业体现了强大的对外组网和参网能力。由于妥协、宽容的特性，灰度文化企业也具备强大的沟通和协调能力，可以根据对方和自身的需求进行灵活变通和转化，例如，将外部竞争对手的角色转化为合作伙伴，弱化竞争性，强调"共赢"，因此灰度文化企业参与或组建的外部文化物联网较为稳固，不易破网。

第五节 阿米巴经营文化分析

一、阿米巴经营文化

阿米巴经营理念由京瓷公司的创始人稻盛和夫于 1964 年（公司成立五年后）提出，以应对公司扩张期自己身兼数职和"大企业病"的难题。阿米巴经营文化是以"人心"为基础开展经营的文化，强调培养具有管理意识的领导，将企业划分为多个"阿米巴"①（阿米巴领导人称为"阿米巴长"，简称"巴长"）小团队，让企业的调整、变化以小团队为单位实施，并让全体员工参与经营管理，凝聚全体员工的力量和智慧，自上而下施加影响。

阿米巴经营文化的主要特征为：①追求释放员工的创造力，提升员工业绩，培养与企业经营者理念一致的人才并将其晋升为领导者，缓解经营者与员工对立的观念并统一思想，进行伙伴式经营，使员工从"被动管理"变成"主动参与经营"，最终实现"全员参与经营"和附加价值的最大化。②层层放权，将企业这一大阿米巴不断裂变成更多的小团体，划分出独立核算单位（划分依据通常涉及企业特点和业务流程，并要求划分后的组织能独立运行、能共同服务于企业经营目标的实现；划分过程未必一

---

① 阿米巴（Amoeba）是单个原生体变形虫，特点为细胞核含一个核内体及大小均匀呈环状附着在核膜上的颗粒，以二分裂的方式增殖，形体能够随外界环境的变化而变化。

蹴而就，可能需经过多次划分与重新合并；划分结果常常通过调整组织架构显示出来)，各阿米巴与市场直接联系，根据市场大环境的变化而变化。③建立一系列企业内部交易的机制，包括内部定价机制、内部分配机制、薪酬制度等，明晰各阿米巴职责并进行透明化管理，各阿米巴、各员工的薪酬并不直接与短期业绩挂钩，而是经过长期考评的结果来综合体现（如涨薪、升职等），把为公司做贡献受到大家的赞赏当作最高荣誉。

二、阿米巴经营文化逻辑

以企业文化的逻辑来分析阿米巴经营文化，阿米巴经营文化是一种多级混合物联网体系，主要体现为一种实现方法上的文化，该方法在理论上可用于实现各种需求；实际上采用该文化的企业通常以物质需求为主要需求，同时鼓励利己需求（次要需求）的实现。阿米巴经营文化的逻辑如图10-12所示。

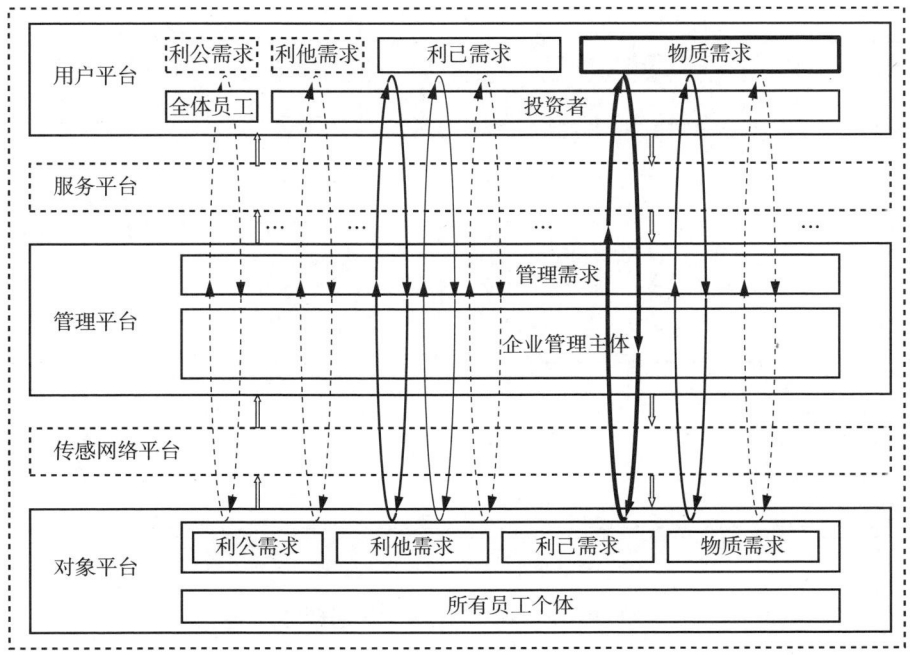

(a) 阿米巴经营文化中较为常见的企业需求

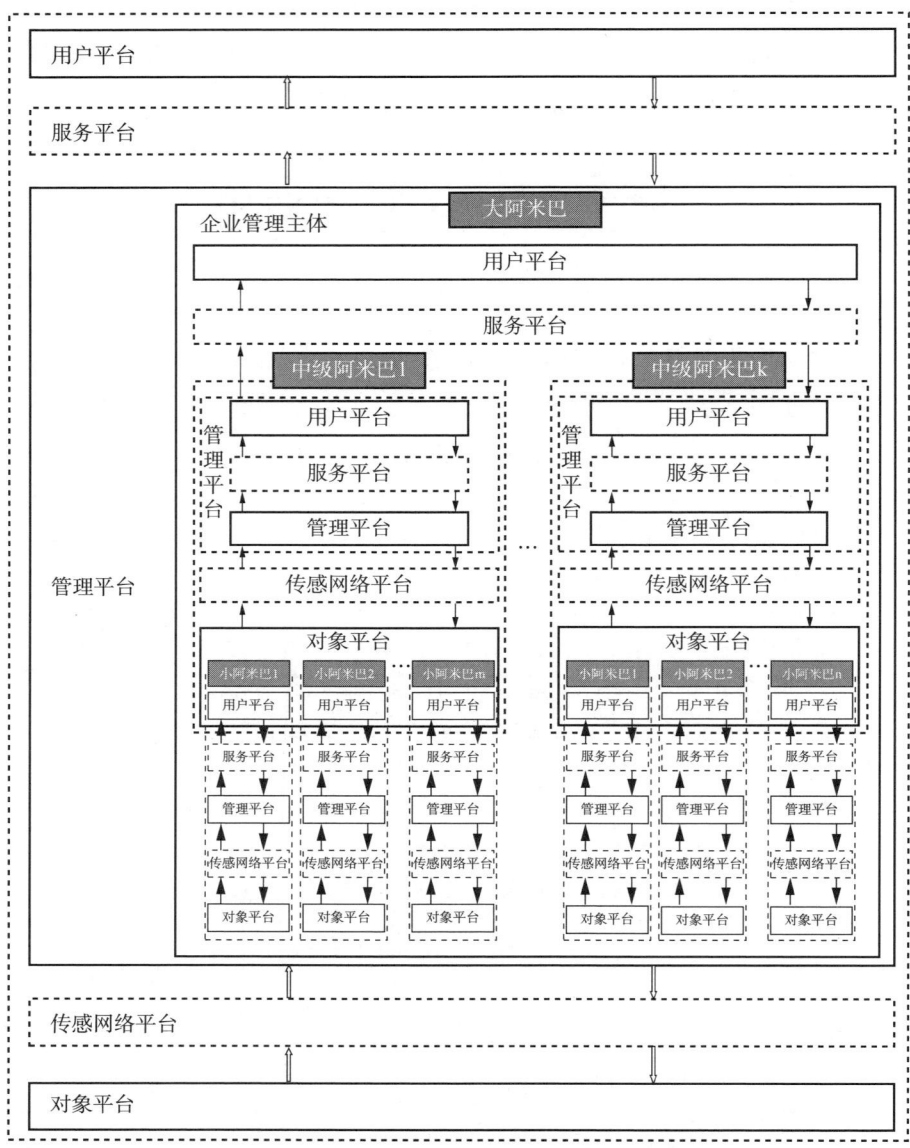

(b) 将阿米巴经营作为需求的实现方法

图 10-12　阿米巴经营文化的逻辑

（一）需求

阿米巴经营文化突出呈现为一种经营模式文化（实现方法文化），该文化承载的需求视企业用户平台的文化追求而定。在一般情况下，如图10-12（ε）所示，采用阿米巴经营文化的企业，以用户平台（主要是投资者）的物质需求为主要需求；以利己需求为次要需求；同时可能存在小部分利他需求；利公需求占比极小或几乎不存在，因为独立核算对财务核算人员、管理人员或其他成员而言压力较大，削弱了部分幸福感。投资者是最大的阿米巴团队的领导人，其需求基本上代表了整个企业的需求，也是其他阿米巴小团队需要复刻的原型，因此其需求占比极大，全体员工的需求占比较小。

在阿米巴经营文化物联网体系（多级复合物联网）中，所有阿米巴长必须和企业最高层级的经营者保持一致的思想和目标，即管理平台内网中各级物联网的用户平台需求相同。正是基于一致的需求，这些员工才能从对象平台中被选拔出来担任各级小阿米巴长。

（二）需求的实现方式

如图10-12（a）所示，在企业阿米巴经营文化物联网这一体系里，用户平台的主要需求为物质需求，其目的在于保持公司的发展活力，实现附加价值的最大化，其物质需求的主要、次要、边缘实现方式分别构成主网、主次网和边缘网；其次要需求是利己需求，利己需求的主要、次要、边缘实现方式分别是次主网、次次网和边缘网。

企业阿米巴经营文化物联网体系中用户平台与对象平台进行需求交互，该物联网对实现方式的选择过程与其他文化相同，由管理平台充分了解用户平台与对象平台的需求后做出决定，在最大限度满足用户平台需求的前提下尽量满足对象平台的需求。该物联网体系中的实现方式可以是能兼顾用户物质需求和对象物质需求的各种方式（如具备利公性质、利他性质、利己性质或物质性质的方式），并不固定；而实现方法则是固定的——阿米巴经营模式。

(三) 需求的实现方法

阿米巴经营文化是基于企业经营管理模式而命名的文化，其本身就是一种需求实现方法，用户平台组建文化物联网体系，授权给管理平台运行阿米巴经营模式：管理平台中的最高经营者设立大阿米巴，担任用户平台（巴长），并进一步划分具备相对独立运行能力的各级物联网（即设立小阿米巴）；广大员工在参与大阿米巴的基础上谋求进入各级物联网，担任小阿米巴长，以满足自身需求。

由于各个小阿米巴需复刻大阿米巴的思想并接受独立核算，因此阿米巴经营文化仅适用于在企业内部运作，不适用于企业对外联网（即阿米巴经营文化的运行不涉及文化关联方）。

在企业阿米巴经营文化物联网体系中，管理平台通过阿米巴经营模式使对象平台需求与用户平台需求能在企业内协调运行，进而使整个企业有序运作。如图10-12（b）所示，该经营管理模式体现为企业管理平台内网中各级物联网的运行，包含物联网之间的运行和物联网内部的运行。

1. 各级物联网之间的运行

将企业这一整体划分为多个阿米巴，是在将一个复杂的物联网划分为多级物联网，且鼓励各个较为简单的单体物联网或复合物联网独立运行。但是企业容易将物联网的整体运行效果当作各个部分运行效果简单相加的总和，从而忽略整体等于各个部分相加的前提是物联网的系统化运行，因此某些单体或复合物联网运行效率虽然提升了，但整体运行效率却不一定能提高。

横向的各个物联网（阿米巴）隶属于不同的核算体系，彼此关联度小，各自为战，极易受市场价格波动的影响。一则容易激化企业内部各物联网之间的竞争，不利于企业的团结；二则对各个物联网的要求极高，既要求其具备较强的财务核算能力，又要求其有良好的运营管理能力和市场应对能力；三则各个物联网独自面对市场风险，其抗风险能力通常不及整个企业，容易被市场淘汰。

纵向的各个物联网之间层级较多，容易影响组织的反应效率，且各级物联网拥有相对独立运营的权限，很可能做出不一致的反应，导致政令不畅，纵向管理较为困难。因此，采用阿米巴经营模式的企业必须具备系统性驾驭物联网的能力，否则容易因物联网级别与数量繁多、核算的工序多而复杂，造成资源的大量浪费和组织效率的严重降低。

以制造和销售家用电器的企业为例，该企业目前有电冰箱与洗衣机两款产品，若设立了两个小阿米巴，分别将电冰箱与洗衣机的零部件制造、组装、包装、成品的运输、销售等环节进行独立核算，那么，该企业至少需拥有两套独立核算体系与核算执行班子。

随着该企业业务的扩展，新增了电饭煲、空调、电视机3种产品的阿米巴，则该企业的独立核算体系增至5套。

如果该企业将销售进行独立核算，后来又增加了研发这一独立核算体系，那么，情况就会变得很复杂：第一种可能是将制造5种产品的阿米巴设为小阿米巴，销售、研发部门设为中级阿米巴，且这两个中级阿米巴分别下辖5个小阿米巴，核算量剧增；第二种可能是销售层级高于研发层级（或研发层级高于销售层级），这两个部门形成两级阿米巴，并且其中较低层级的阿米巴下辖5个小阿米巴，核算量依然不小；第三种……

无论如何选择，随着工艺的复杂化、工序和流程的增多，阿米巴数量增多，企业将很难开展阿米巴经营。相较于企业从阿米巴经营中得到的收益，耗费大量资源、因结算细碎而降低组织效率等损失也不可小觑。因此，阿米巴经营文化适用于对工艺和管理要求较低的企业，这类企业的产品只需要简单分工并将效果叠加，不需要广泛协同。工序复杂、工艺繁杂、业务种类丰富的企业则很难开展阿米巴经营模式。

2. 各级物联网内部的运行

（1）各平台间的运行

在管理平台内网中，一级物联网的用户平台由最高层级的企业经营者担任，服务平台可由其自身或下一层级经营/管理者（即管理平台）担任，管理平台同时也是二级物联网的用户平台。如该企业存在多级阿米巴，则一级物联网的对象平台也是三级物联网的用户平台。

各级物联网的五个平台进行信息交互，除了运行多数企业常见的人员、业务、财务、物料等信息内容外，还需额外增大财务核算的信息量，以满足独立核算的运营要求。

（2）平台的内部运行

在管理平台内网中，一级物联网用户平台的内部运行为：发挥自身作为企业经营者的人格魅力，尽量公平无私地追求全体员工的幸福（至少在方式上要具备一定利他性质），在企业高效运行的前提下，制定不阻碍个体发展的运行规则。

一级物联网管理平台的内部运行为：匹配具体措施以保障独立核算的公平性、合理性和透明度，协助用户平台将阿米巴经营文化落到实处；协调各个小阿米巴之间的关系，避免恶性竞争和分裂；发掘和培养人才，培育团队合力。

一级物联网对象平台的内部运行为：最大限度地发挥个人能力，创造业绩，努力为企业发展做贡献；提升经营意识与技能，获得管理权，成长为阿米巴长，分享经营成果。

二级乃至多级物联网的各平台内部运行与一级物联网中的运行相似，只是二级乃至多级物联网的用户平台虽然要秉承服务于整个企业的思想，但其实际影响的范围较小，只是其小物联网中的全体员工。

第六节 狼性文化分析

一、狼性文化

狼性的特点是野、残、贪、暴,其本质就是执行"物竞天择,适者生存"的丛林法则。表现在工作中,狼性的"野",就是指在工作中不要命的拼搏精神;"残",指对待工作中的困难要毫不留情地将它们克服掉;"贪",即对事业要有欲求,不知足;"暴",则是不能对工作中的难关仁慈以待。狼性文化表现在企业中,就是一种带有狼性的拼搏精神、执着精神,且善于捕捉机会。同时,孤狼无法生存,狼性文化核心是服从团队及头狼,同时也强调企业内部开展团队协作、遵守纪律。

二、狼性文化的逻辑

狼性文化在企业中的信息运行如图10-13狼性文化的逻辑所示。

(一)需求

狼性文化是一种物质需求,企业以物质需求为主要需求,利己、利他和利公需求并存。狼性文化中拼搏、顽强的战斗精神,都是为了追求"肉",即企业中的物质利益;同时,将企业竞争变成"厮杀"的战场,这

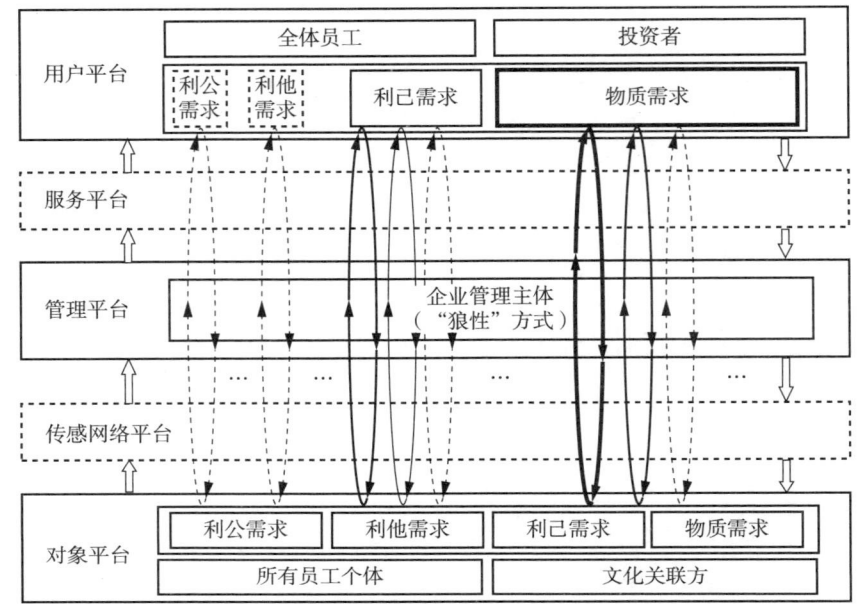

图 10-13 狼性文化的逻辑

种"狼的法则"贯穿了整个狼性文化。

(二) 需求的实现方式与方法

以狼性文化作为主要文化的企业,其主要需求的实现方式是"狼性"方式,其实现方法则是具体的信息运行。

1. 企业狼性文化的内部运行

(1) 平台内的运行

狼性文化在用户平台内的运行:狼性文化下的用户平台,充当着"头狼"的角色,仅将物质需求作为"团队"中的唯一需求。用户平台内部需求一致,信息运行简单明了。

狼性文化在管理平台内的运行:企业狼性文化的管理方式直接且单一,即以实现物质利益最大化为管理手段。对于企业内部管理来说,狼性文化的实行,需要以"肉"诱"人",即以高薪吸引人才,通过提高待遇以提升工作强度等,并在内部形成弱肉强食、优胜劣汰的工作环境。对于企业外部的竞争环境而言,企业对市场的扩张和物质利益的急迫渴望,戒为推动企业前进的利器。

狼性文化在对象平台内的运行:管理平台和对象平台均处于用户平台的强控信息下,主体性较差,仅以单一的以满足物质利益的管理或手段满足其用户需求。

(2)平台之间的运行

在五平台内部的物联网运行中,强调了控制信息对对象平台的控制作用,弱化了对象平台的其他感知需求,仅以单一的物质为需求和目的。在感知信息的运行中,狼性文化下的对象平台容易被忽略,表现为用户平台不重视对象员工的精神需求和道德思考,缺少相应的道德和人文关怀,对象员工仅仅作为单一的接收者,作为一种机械性劳动,仅仅作为完成规定的业绩、任务、产出等物质指标的工具;在控制信息的运行中,用户平台处于更加强势的一方,对运行结果更加关注,管理平台则在企业的管理活动中缺少"人性",易形成强硬的刚性文化,使得企业缺乏基本的"人文"关怀。例如,公司一般会淘汰那些不能适应公司发展节奏的所谓的"平庸员工",同时警示在岗员工,从管理上为公司最大化地提升人力资源利用效率,容易使员工之间形成"竞争"之势,相互排挤和提防,在"狼性文化"的氛围中,在高度紧张的工作环境里,形成一种不均衡、不和谐的闭环运行物联网。

以狼性文化为外化手段和方式的企业(见图10-13),其中主网(主主网、主次网、边缘网)为物质需求的实现方式,次网(次主网、次次网、边缘网)为利己需求的实现方式,边缘网为利公需求和利他需求的实现方式。

当对象平台以利公和利他需求参与企业狼性文化物联网运行时,对内,对象员工为公司贡献自身的职业技能,为企业取得良好的经济效益而兢兢业业，尽心尽力。在这种情况下，对象平台与管理平台通过密切协作能够和谐运行，员工可以为公司创造更多价值。对外，对象员工重视与外界的沟通，员工希望以开放、感恩、无私的态度对待与外界（如合作方、客户等）的关系，员工的利他或利公行为可能无法为公司创造直接的经济价值，与用户平台强调的"竞争"关系和短期利润最大化并不相符。对于这种情况，管理平台通过"狼性"的管理方式调整对象平台的行为以满足用户平台的物质需求，管理层在目标坚定的情况下，针对目标制作出合理的月计划、年计划，并时刻关注其执行结果和绩效等，强调总体利益优于个人价值观。对于偏离"控制信息"者，采取强硬的管理措施，如"末位淘汰"等方式，使对象平台在业绩压力下，激发自身工作动力，在短时间内用较大的热情和创造力服务企业，满足用户需求。

当对象平台以利己和物质需求参与企业狼性文化物联网运行时，当对象员工对业绩的"贪性"以及对财富累积的渴望，与用户需求一致，在上下一心的情况下，企业运行效率高；然而当对象员工表现出重视工作中的成就感以及个人薪水、福利水平时，员工希望获得高额"报酬"与用户平台产生对物质的"争抢"，上下产生矛盾，运行效率大打折扣，因此，管理平台需通过"狼性"的管理方式调整对象平台的行为来满足用户平台的物质需求，如建立奖惩分明的考核体系，以高绩效为导向，提升员工待遇和奖励水平，激发对象平台的"狼性"精神。同时强调企业总体利益的优先性，企业实现业绩增长也意味着员工获得更好福利的可能性增加，以此鼓励员工更专注地投入工作。

2. 企业狼性文化对外联网运行

狼性文化作为打开市场的一把利刃，通常更适合企业的创业初期，创业环境中的竞争较为残酷，需要快速抢占市场，追求市场占有率，以掠夺物质资源为主要目的。

在与其他公司的竞争中，狼性文化的企业更多作为用户平台主导外联网运行，获得物质为其结果导向，像凶狠的狼一样掠夺，即与外部环境产生"优胜劣汰"的竞争形势。企业在初期能够开拓一定的"生存空间"，猎取到足够的食物，但给其他企业留下了不守规则、凶猛可怕的印象，从而也容易失去组网和参网的机会，失去广阔的发展空间。其对外表现的"为达目的不择手段"的观念，与社会伦理道德存在较大偏差，难以融入遵守伦理道德的社会物联网中。

在与其他公司的合作中，狼性文化企业作为整个关联方物联网的对象平台参与关联方物联网运行。此时狼性文化是关联方物联网获取物质利益的手段和方式，其特点是群体利益一致，表现为"强强联手"，强调狼性文化中的团结协作，发挥团队力量，占领市场，获取利益，赢得竞争。

第七节 羊性文化分析

一、羊性文化

羊性文化是指温和的、保守的、细腻的、内敛的文化形态。企业的羊性文化是一种弱势文化,追求企业发展的稳定、长远,讲求以柔克刚,同时羊性文化也以追求利益为导向,但更多趋向于"双赢"。羊性文化在企业中表现为人性化管理,尊重员工,员工工作态度沉着稳定,不急躁;在企业外部与竞争对手相处和谐,倡导无私的奉献精神,强调企业的社会责任感。羊性文化也存在盲目服从、缺乏个性、安于现状等劣势,突发情况下显得控制力不够强。

二、羊性文化的逻辑

羊性文化在企业中的信息运行如图10-14羊性文化的逻辑所示。

(一)需求

羊性文化与狼性文化部分相似,也是一种"动物型"文化,通常以物质需求为主要需求,并且往往以利公、利他、利己性质的方式来实现物质需求。

第十章 常见的企业文化分析

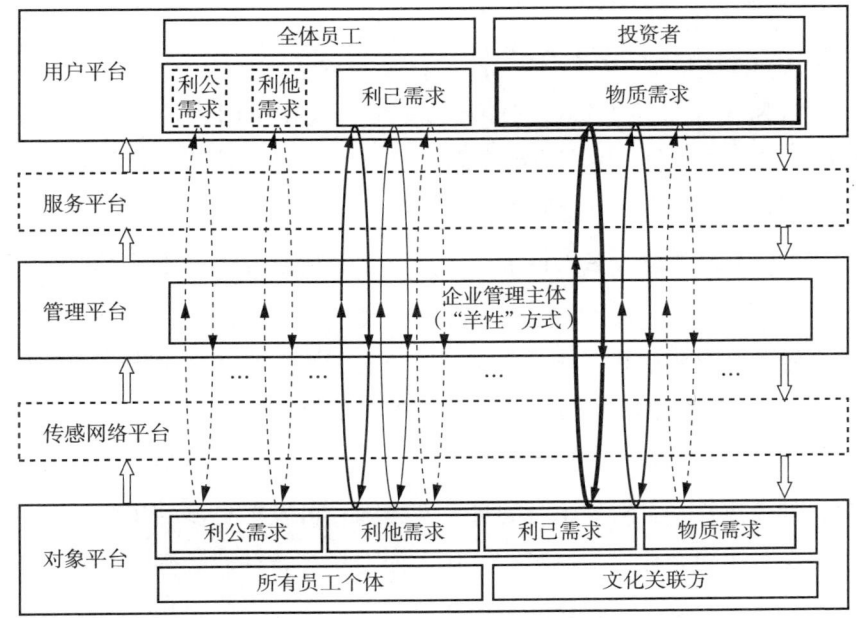

图 10-14 羊性文化的逻辑

在奉行羊性文化的企业中,企业对外表现利公行为时,往往重视社会责任感,倡导无私奉献的精神、为社会做出贡献等,如向贫困地区、希望工程伸出援助之手,树立企业在社会中的良好形象,提升企业知名度,为企业扩大市场占有率做铺垫;企业对外表现利他行为时,羊性文化倡导包容与关怀,以服务客户为企业宗旨,与竞争对手采取和谐共处、相互合作的竞争方式,运用自身稳扎稳打的策略,利用同行口碑,得到长期稳定的利益;企业对外表现利己行为时,注重企业品牌形象的建设、良好口碑的积累,来获得消费者的认可,从而占领市场。

(二) 需求的实现方式与方法

以羊性文化作为主要文化的企业,其主要需求的实现方式是"羊性"方式,其实现方法则是具体的信息运行。

217

1. 企业羊性文化的内部运行

（1）平台内部的运行

羊性文化在用户平台的内部运行：羊性文化下的用户平台，希望以"温和"的方式逐利。用户平台展现出更多民主与友善的文化气质，尊重对象平台的想法，共同为企业服务。

羊性文化在管理平台的内部运行：羊性文化主导下的管理平台强调温情、贴心式的管理，以人文关怀的手段"收买人心"，提高员工积极性和提高业绩等，其主张相互尊重、合理竞争、劳资公平等，突出了人性化管理，在管理平台中倡导合理竞争，管理手段更加以人为本。

羊性文化在对象平台的内部运行：较"狼性文化"来说，对象员工的需求更加受重视，且对象平台的自主性较强，可发挥更多的积极性和创造性，对象员工对企业有归属感，工作中使命感和责任感较强。同时，企业的对象员工之间会有一种真诚与信任的情意，彼此之间互相关爱、互相帮助，使企业整体更具凝聚力。

（2）平台之间的运行

奉行羊性文化的企业，将羊性的"温顺"作为实现其物质需求的手段，"温顺"即指对外表现为利公、利他、利己性质的行为，靠传递友爱、善意、大爱等手段而非强硬索取来取得效益。

以羊性文化为外化手段和方式的企业（见图10-14），其主网（主主、主次、边缘）为物质需求的实现方式，次网（次主、次次、边缘）为利己需求的实现方式，边缘网为利公需求和利他需求的实现方式。

用户平台通过与有利公需求、利他需求、利己需求及物质需求的对象平台组建物联网来实现其物质需求。当对象平台以利公需求参与物联网运行时，对象平台展现出与他人、社会相互依存的关系，其思想内涵强调奉献与善待众人，与管理平台"利公获利"的管理方式一致。但过多的利公行为，或导致企业一味地强调牺牲与奉献精神，从而使企业的核心竞争力下降，与羊性文化的初衷即追求物质利益的需求相违背，运行效率反而不高。当对象平台以利他需求参与物联网运行时，对象平台优先考虑他人的利益，体谅、宽容他人，与管理平台"利他获利"的方式一致，然而一味地追求和谐和双赢，想让企业中的每一位员工满意，往往会导致领导层做决策时考虑的因素过多，优柔寡断难以决断，有时甚至会错失"获利"良机。这时就需要管理人员树立合理的典章制度并灵活运用，为领导层决策去除干扰因素，提高企业办事效率，抓住机遇，既能"安人"也能获利。当对象平台以利己需求参与物联网运行时，对象平台展现出对于个人名、权、利的渴望，与管理平台以祥和、美好方式获利的方式，看似有一定偏差。但从长远看，有利己需求的员工能够在企业的人文关怀氛围下，安心工作，努力奋斗，为企业获取经济利益，成为企业能够长久生存的依靠和基础，以此满足自身对于名、权、利的需求，在这种情况下，物联网运行效果最好。当对象平台以物质需求参与物联网的运行时，用户平台与对象平台都以"物质"为主要需求，管理平台强化温柔友善的获利方式，协调用户平台和对象平台的行为，共同以和谐友善的方式追求物质利益，此时物联网运行效果较为良好。

2. 企业羊性文化对外联网运行

羊性文化是强调用"善""自我牺牲"等方法实现物质需求的企业文化，适用于企业发展到较成熟并具有一定经济基础的阶段。

羊性文化企业主导的关联方物联网，其特点是易"破网"。"羊性文化"强调人的自主性和友善和谐的人际关系，这导致羊性文化的控制力不够强，在出现突发情况时，没有紧急和强硬的手段处理，则容易出现破网的情况。同时，"羊性"的友好、亲善以及与外界易和睦相处的特点，使羊性文化企业更容易参网，成为关联方物联网的对象平台，以长期稳定的物质利益为目标，与竞争对手和谐相处，合作共赢。在社会事务中，羊性文化企业强调社会责任感，倡导无私奉献，积极参与社会事务，在社会中有较好的企业形象。

第八节 瞪羚文化分析

一、瞪羚文化

瞪羚文化是指创业后跨过死亡谷以科技创新或商业模式创新为支撑进入高成长期的中小企业文化,多集中于信息通信领域。此类企业规模不大,但是创新能力强、专业领域新、成长速度快、发展潜力大,具有人才密集、技术密集的特征。瞪羚文化企业是推动科技创新、引领行业变革、催生新发展动能的重要代表。

二、瞪羚文化逻辑

企业瞪羚文化的逻辑如图10-15所示,根据本书的企业文化逻辑,瞪羚文化中用户平台的主要需求为物质需求。瞪羚文化的需求实现方式为组建文化物联网或参与文化物联网,需求实现方法为文化物联网的具体运行,分为企业对内的文化物联网运行(包括各平台间的物理网运行和平台内部的物联网运行)和企业对外的文化物联网运行。

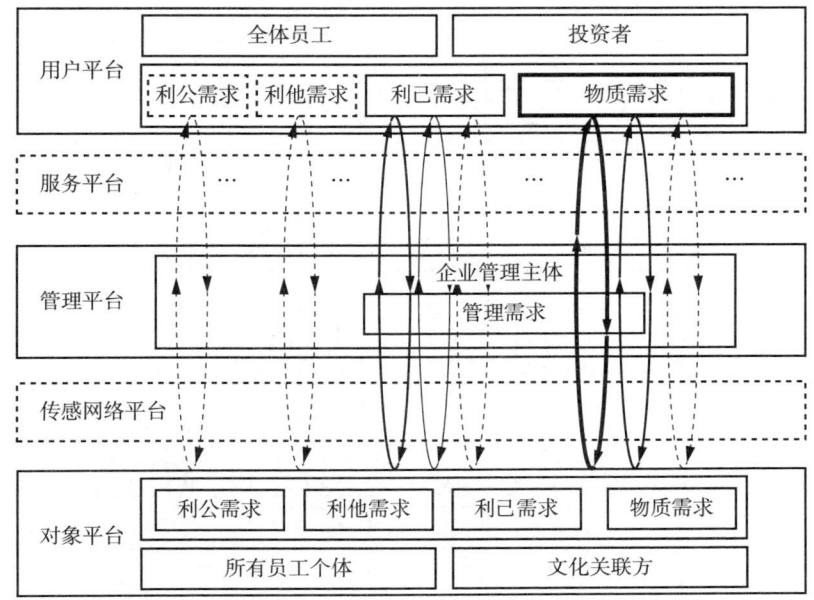

图 10-15 瞪羚文化的逻辑

（一）需求

企业瞪羚文化核心是创新，强调跨越"死亡谷"后的生存，其主要需求为物质需求。瞪羚文化旨在通过加强研发创新能力、加大研发创新投入来实现企业经济效益，在市场竞争中获得一席之位。瞪羚文化中利己需求、利他需求和利公需求的占比较小，其中利己需求为次要需求，利他需求和利公需求为边缘需求。

瞪羚文化的企业中各平台通过组网和参网的形式来实现需求。企业的用户平台通过在企业内部与外部组建文化物联网、对象平台参与文化物联网来实现自身的主要需求——物质需求。

（二）需求的实现方式

1. 企业内部物联网运行

（1）各平台间的运行

瞪羚文化物联网中主要需求的运行如图 10-16 所示。

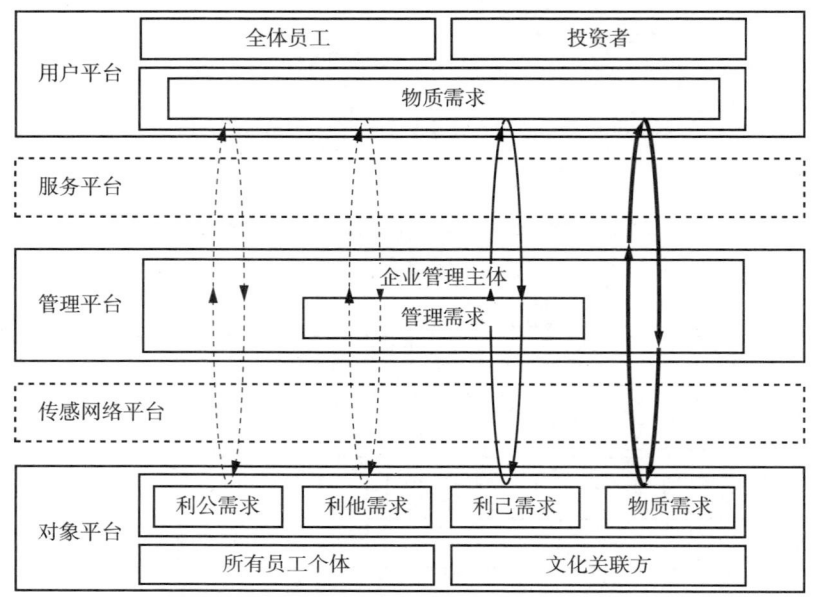

图10-16 瞪羚文化的逻辑（主网）

主要需求的主要实现方式：对象平台完全满足用户平台主导性需求——尤其是主要需求（物质需求）时，形成企业以物质需求为主导的文化物联网，且以"物质—物质"方式为主网，此时物联网运行效率最高。对象平台认可用户平台追求创新的价值观，用户平台认可对象平台的研发、创新能力，管理平台起到的干预作用最小，企业内部以提高创新技术、增加专利研发能力为一致目标，企业整体的发展速度较快，且充满活力。

对象平台主要追求物质需求实现时，员工追求薪资、福利等物质财富，用户追求企业体量扩大、经济效益增强、市场占有率增加。员工辛勤工作有助于提高工作效率和工作技能，有助于达成发明专利增长等业绩，而企业扩大市场份额意味着收益增加，也有利于员工福利和待遇的提高。

主要需求的次要实现方式：在参与企业文化物联网运行时，对象还可以将利公需求、利他需求和利己需求作为主要需求。当对象平台以利己需求为主要需求时，追求自身的名、权、利，企业进行技术研发和创新，有利于经济效益提升，物质财富的累积可以间接使得对象平台实现利己需求。当对象平台以利他需求为主时，分为企业内部和外部两种情况：在企业内部，对象平台利他需求表现为以满足其他平台的需求为主要目的，因此对象平台可以更好地服务于用户平台，通过加强工作技能、提高工作效率来满足用户对于创新研发能力提升、产品市场占有率提升的要求，此时企业物联网运行效果较强；在企业外部，对象平台利他需求则表现为优先考虑企业外特定关联方的利益，如消费者利益、客户利益和城市环境等，关联方利益有可能与用户的物质需求相悖，例如，扩大生产可能带来更严重的环境污染，企业市场占有率提高会不利于其他企业提高竞争力等，此时对象和用户的需求相悖，企业物联网运行效果较弱。当对象平台以利公需求为主时，瞪羚文化强调发展基于物质的技术研发和创新能力，在市场竞争中站稳脚跟，更加在意企业在行业中能否生存，因此较难满足对象平台以社会利益为先的需求，此时企业瞪羚文化物联网运行效果较弱。

瞪羚文化次要需求的文化物联网运行：瞪羚企业通常指高速发展的中小型企业，发展历程相对于历史悠久的家族企业更短，除了追求科研技术的提升外，瞪羚企业在市场的影响力、话语权也成为其稳固扎根市场的必要因素，因此利己需求也是瞪羚文化企业的次要需求，如图10-17所示，瞪羚文化利己需求的主要实现方式是与以利他需求为主要需求的对象平台组建文化物联网。当对象平台以利他需求作为主要需求时，优先考虑企业的兴盛，通过提升自己的科研能力、工作效率来为用户平台服务，为企业发展贡献力量。

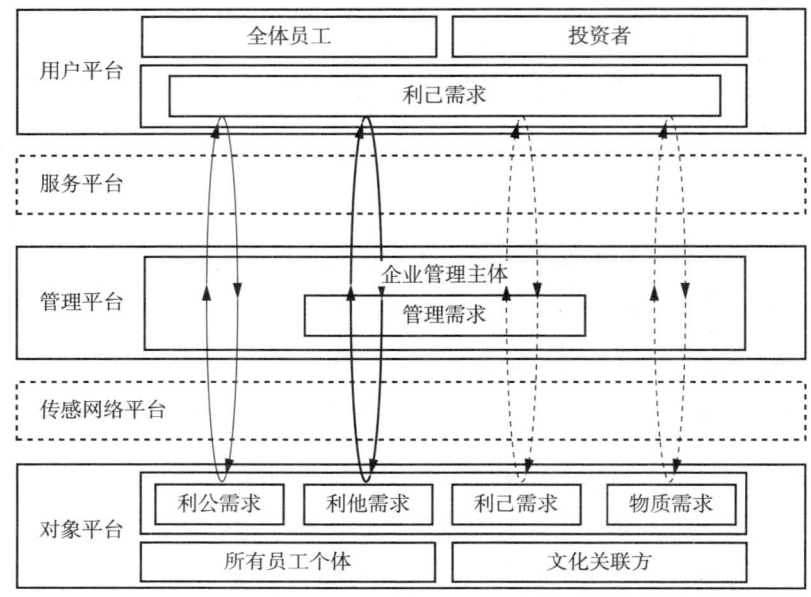

图 10-17 瞪羚文化的逻辑（次要需求）

瞪羚文化边缘需求的文化物联网运行：瞪羚文化企业发展迅速，通常更在意企业经济实力和科研水平等硬性指标，利公需求和利他需求作为边缘需求较少受到用户平台关注，如图 10-18 所示。

（2）平台的内部运行

用户平台：瞪羚文化通常存在于中小型企业中，用户平台需开拓视野、与时俱进、目光长远并且敢于拼搏，需对企业的产品布局和战略规划有清晰的定位，关注行业动态并且规划好企业的人才发展制度，制定简单、高效的企业文化物联网运行模式。

管理平台：瞪羚文化需要企业管理平台形成高效、职责分工明确的企业管理模式，摒弃冗余的制度和规范，制定易于理解和执行的指令，直接、准确地向对象平台传达用户平台的需求，节省人力、物力、财力与时间。

对象平台：对象平台学习、领悟用户平台对于企业发展的规划，将其与个体的需求相结合，提高自身的创新能力、竞争力和生存能力，最大限

第十章 常见的企业文化分析

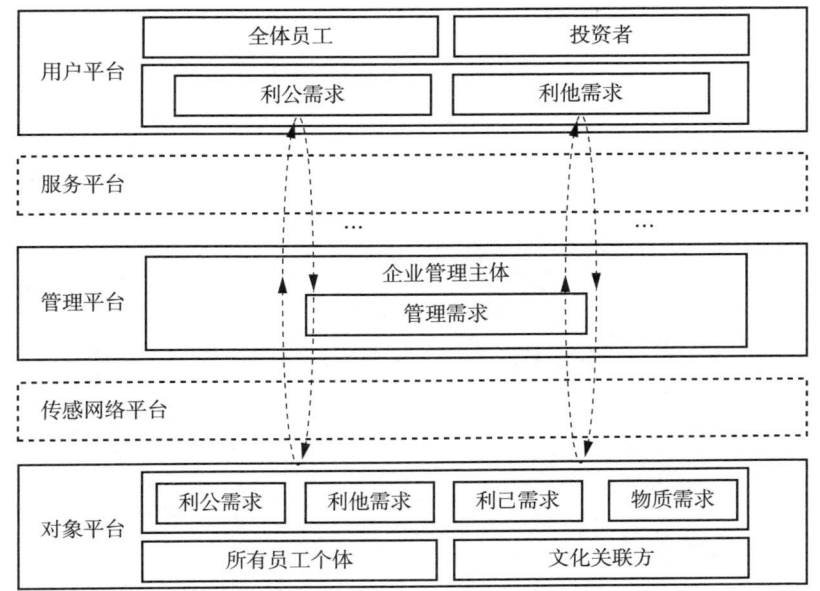

图 10-18 瞪羚文化的逻辑（边缘需求）

度地服务于用户平台的需求。

2. 企业对外物联网运行

瞪羚文化企业对外展现为高成长型企业，创新发展优势强、速度快，是助推国家或区域经济高质量发展的新动能，可以直接助力于国家或区域经济的增长和科研水平，企业体量的较快扩大也可以提供更多的工作岗位，为更多的人才提供发展机会。

由于瞪羚企业体量较小，创新能力强，具有敏锐的嗅觉，善于捕捉政策导向和产业动向，在细分领域快速找到合适的市场定位，因此瞪羚企业擅长于较快速地参网和组网，参网和组网的规模较小，运行效率较高。由于瞪羚企业的发展离不开国家高新技术产业区的政策支持，以及和行业内其他企业的科研成果交流，所以瞪羚企业通常参与的物联网类型为社企物联网和企企物联网。

第九节 中庸文化分析

一、中庸文化

"中庸"一词,出自儒家经典《中庸》①。人们对"中庸"的理解虽有所不同,但都认为中庸讲究合理与适度,而非现代一些人所认为的迂腐、缺乏个性、走中间路线、不思进取的意思。朱熹所作《四书章句集注》云:"中者,不偏不倚,无过不及之名。庸,平常也。"程子曰:"不偏之谓中,不易之谓庸。中者,天下之正道;庸者,天下之定理。"游氏②曰:"以性情言之,则曰中和;以德行言之,则曰中庸。"也有人说,"中庸"的"庸"古同"用",也就是叫人们要采用"中"的态度与行事准则。

企业中庸文化是企业对我国传统文化的取用与传承,强调企业成员用善意和理智来控制、调整自己的思想、情感和行为,能够始终保持适中的状态、秉持实事求是的观念,客观分析和把握企业中的事务和变化,在处事和管事时择其中者而行之,既无过度,又无不及。

---

① 《中庸》:"喜怒哀乐之未发,谓之中;发而皆中(zhòng)节,谓之和。中也者,天下之大本也;和也者,天下之达道也。致中和,天地位焉,万物育焉。"
② 游酢(zuò),北宋书法家、理学家,亦称"游定夫""廌(zhì)山先生"。所著有《中庸义》《易说》《诗二南义》《论语·孟子杂解》《文集》各一卷。

二、中庸文化的逻辑

以企业文化的逻辑来分析中庸文化，则中庸文化主要是一种实现方法层面的文化。中庸文化的逻辑如图 10-19 所示，对内强调企业各平台之间处于合理与适度的运作状态，对外强调企业与关联方的和谐关系。

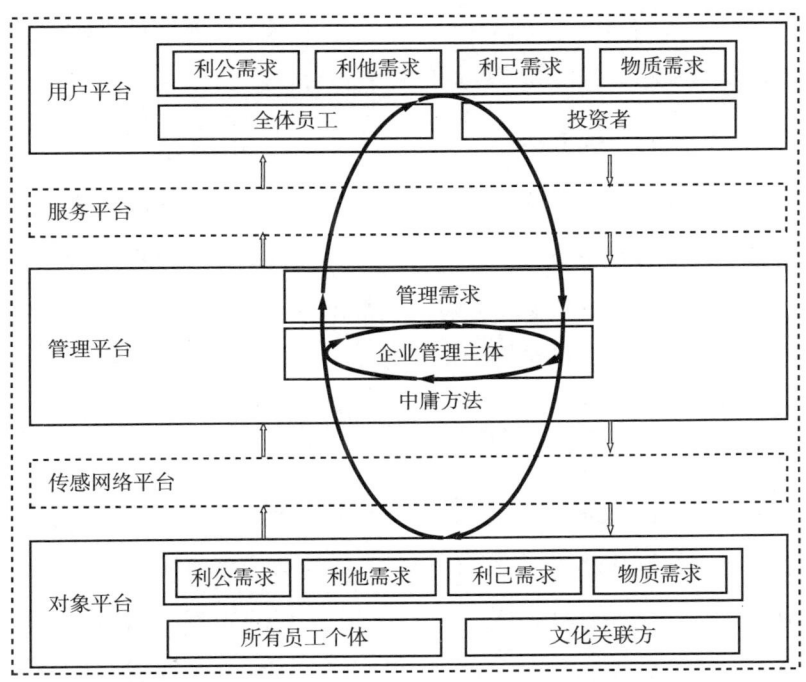

图 10-19　中庸文化的逻辑

（一）需求

在中庸文化体系中，用户平台的需求不固定，能够以利公需求、利他需求、利己需求或物质需求为主要需求，中庸文化显著呈现为一种实现各种需求文化的方法。前文所述的仁义文化、诚信文化企业均能够采用中庸方法，从而存在中庸文化，只是需求文化与实现方法文化处于不同的文化层面。同理，物质文化企业也能够采用中庸方法，以约束物质获取手段的尺度，同样存在需求文化与实现方法文化的区别。

（二）需求的实现方式

在中庸文化体系中，需求的实现方式也不固定。中庸方法能够成为各种需求实现方式之下的具体方法。因此，选择具有利公性质、利他性质、利己性质或物质性质的方式来实现需求的企业，对"中庸之道"或"忠恕之道"有需要时均能够采用该方法。并且，中庸方法能够促进企业中各种实现方式——主网、次网和边缘网的协调运行。

（三）需求的实现方法

如图 10-19 所示，中庸作为一种处事方法，在企业中庸文化体系中可以为各个平台所用，彰显"中和"的德行，在"法"的维度上提升企业中各平台的思想水平，达至观念平和；中庸作为一种管事方法，则主要为管理平台所用，在"术"的维度上调和各个平台的利益，不偏不倚。在管理平台上，将中庸的处事方法与管事方法相交互，将"法"与"术"相结合，更能将中庸方法落到实处。

具备中庸文化的企业，内部通常有较高的团结度和协调性，能够在一定程度上创造并提升效益，但运作效率不一定高。毕竟，时时控制内心情绪和掩饰好恶、处事中而不偏并不容易做到，并且市场行情易变，有些时候需要企业或成员敢于冒险并快速作出决断，不能在听取所有相关人员的意见后再决策，也不能一味求稳求"中和"，这也是许多初创企业面临的挑战。所以，中庸文化离不开较为成熟的队伍和市场环境，适合较为成熟的企业，不适用于初创企业。

对外，这类企业令人相处愉快和融洽，容易为大多数合作者接纳，从而更易组网、参网，获得发展资源与机会。

第十节 其他常见的企业文化分析

一、廉洁文化分析

廉洁文化是指员工对企业、企业对外均公正不贪、清白无污的文化，是廉洁的理论和行为方式及其相互关系的总和。廉洁文化具体包含两个层次：①自身个人层次，即要求自身洁身守道、操行清白；②他人层次，即不阻碍他人的发展、不损害他人的利益（如《明史·循吏传》中所言："唯廉者能约己而爱人"），促进廉洁风气的良性循环。

廉洁文化由利他需求主导，在利他需求的带动下也能达到利己的效果，因此是利他需求和利己需求相结合的文化。

廉洁文化既是企业（用户平台）的需求，也是员工（对象平台）的需求。廉洁文化建设通常是企业文化中的一项"任务"，企业提倡廉洁，以符合社会道德和法律法规对企业的要求，保障企业员工和其他人的合法权益。员工践行廉洁文化，能够成为受人尊重的人，在企业整体利益得到保障的前提下实现自身需求。

二、大庆文化分析

大庆文化又称"铁人文化"，其核心内涵是爱国、创业、求实、奉献，主要包括：①"为国分忧、为民族争气"的爱国主义精神；②"宁可少活20年，拼命也要拿下大油田""有条件要上，没有条件创造条件也要上"的艰苦奋斗、拼搏创业精神；③"干工作要经得起子孙万代检查""为革命练一身硬功夫、真本事"的求实精神；④"甘愿为党和人民当一辈子老黄牛"的奉献精神。大庆文化既是油气开采行业常见的企业文化，也是第一批纳入中国共产党人精神谱系的伟大精神。

大庆文化是由利他需求主导，附带实现利公、利己需求的文化。在大庆文化物联网体系中，利他精神通过各平台的"战斗力"尤其是对象平台的"战斗力"体现出来，对象平台有"铁一般的"坚强意志，甘愿为企业、为人民、为国家奉献自己；各平台内网的高强度运行增强了整个文化物联网的可靠性和稳定性。

三、客户型企业文化分析

客户型企业文化是指企业以客户为核心的文化，主要包括：①全体员工所遵循的共同意识、价值观念、职业道德、行为规范和准则都以客户为导向，目标是为客户创造价值；②秉持"客户是企业的重要资产"的理念；③不断创新，满足客户的个性化需求，让客户满意。

客户型企业文化通常有以下4种类型。

（1）由利他需求主导的客户型企业文化，这一类型较为少见。企业通常以利他作为实现需求的手段而非本质需求。

（2）由利己需求主导的客户型企业文化。

（3）由物质需求主导的客户型企业文化。这一类型更为常见。企业将经营客户当作生存和发展的手段，通过满足客户的需求而实现企业自身业绩和经济效益的增长，即以利他为手段满足自身的物质需求，附带满足利己需求、利他需求。

（4）混合型的客户型企业文化，由不止一种需求主导，需求之间的主次地位不明确。

整体而言，客户型企业文化是一种重视物质收益的文化。

四、霸权文化分析

霸权文化又称"独裁文化""权力型组织文化"，是指企业由一个人或一个很小的群体通过非正式决策（而不是固定的规则和规章制度）来强制地应对特定的环境变化的文化。

霸权文化的主要特点是：①强调等级权力和核心地位，权力中心人物在决策过程中起决定性作用；②多数员工痴迷于寻求权力，设法接近顶层人物，希望通过拥有权力和个人魅力掌控组织资源；③员工工作狂热，将工作作为追逐权力的工具。

霸权文化物联网体系更加强调决策运行机制而非需求。在企业文化物联网体系中，用户平台被要求具备非常强的决策运行能力，了解管理平台的运行规律，从而保障决策运行的高效率；其他平台也极力通过工作表现来寻求参网（参与具有决策权的平台内网）或组网（组建自身具有管理权的子物联网）的机会，从而促进利己需求和物质需求得到满足。

实际上，霸权文化物联网体系强化了用户平台的决策职能，削弱了管理平台的职能，适用于物联网较小的情况。当企业发展到一定规模，便需要按一定的体系规律运行，才能达到运行效率与稳定性之间的平衡。

五、个性文化分析

个性文化又称"个性型组织文化"，是强调员工个人的自由和人际关系的企业文化，通过发挥员工的专业性，通过平等协作、相互信任而集结整体性的社会力量。

个性文化的主要特点是：①组织中的每一个体的存在和发展是内部所有活动的出发点，成员通过高度非集中化和非正式化的组织结构相联系，组织本身及其结构是为员工服务的,组织实际上服从个人的意愿,但是很容易被个人左右;②允许组织成员个人自由的最大化,同时又保持相互有利的关系;③人员的任用原则是任人唯贤、任人唯能,以个体潜能的最大限度的发挥为宗旨,专业人员的地位要明显优于管理者。

个性文化是由利己需求(强调个人的自由和受尊重程度)主导、兼有利他需求(利企业、利同事)和物质需求的文化。个性文化物联网体系实际上是在保障物联网系统性和整体性的前提下强调对象平台的个性,强化了对象平台的运行机制,是一种对象平台文化,属于企业整体文化物联网的一部分。

将个性文化当作对象平台文化时,适用范围更广,能够切合更多求职者和企业的需求。当个性文化成为整个企业组织的文化时,通常只适用于律师事务所、咨询公司等管理强度不高、个体能够独立开展业务的组织。

六、礼文化分析

礼之本意为敬神,后引申为对人对己表示敬意而具有的态度及其外在化的行为。礼文化是企业形成和发展的潜在制度,即一种行为的道德规范。企业内部通过内化的道德意识,形成了共同的价值体系和行为方式,并通过"礼"的形式展现出来。

礼文化是运用具有利公和利他性质的方式来实现企业的利公需求、利他需求、利己需求和物质需求,强调企业内部、外部物联网运行需符合行为道德规范,各平台礼让他人,以他人利益为先,各平台间和谐共处,协作共进。

七、丛林法则分析

丛林法则,本意是指自然界中各生物间适者生存、弱肉强食的规律法则。在企业中代表着企业的对抗和竞争能力，强调快速变化和适应性的进化法则，以及企业的迭代和创新能力。

丛林法则以物质需求为主要需求，企业用户平台和对象平台的需求一致性较强，均以物质需求为主，物联网的运行效率较高。企业运用丛林法则生产经营，在纯粹的物质需求主导下，没有形成明确的文化导向和文化体系，因此企业易做大，不易做强。

八、团结文化分析

企业团结文化的核心是互助、和谐和友爱，在企业中体现为所有员工之间和谐相处、相互依存，尊重个性、彼此宽容，能力互补、同舟共济，利益共享、责任共担。

表现为团结文化的企业可能同时有多种需求，利公需求、利他需求、利己需求和物质需求中的一种或几种都可能作为主要需求。在企业文化物联网中，团结文化是一种平台内部和物联网体系中各平台合作的方式，体现为平台内部或者各个平台之间的有效协同。当各个平台的需求一致、用户平台决策正确、管理平台管理良好时，团结文化才能使文化物联网的运行发挥最大的效用。

九、荣誉文化分析

荣誉文化是对企业历史、发展价值进行挖掘和整理，让企业产生自信与荣誉感并凝聚，形成文化影响企业的每一位员工。在企业内部，荣誉文化的建设可以增强员工的集体荣誉感，对企业增强凝聚力具有促进作用；在企业外部，通过企业品牌打造与荣誉文化建设的结合，以文化诠释品牌，以品牌凸显文化，可以使企业形象在顾客的潜意识中得到强化与提升。

荣誉文化以利己需求为主要需求，同时也有利公、利他和物质的其他需求，通过利公、利他性质的方式来实现。企业追求"实名"，则可以通过荣誉文化建设提升员工自信，激发员工工作热情，提升产品质量和服务水平，以此巩固企业品牌。而在企业追求"虚名"的情况下，"荣誉文化"则化身为实现自身的物质需求的手段，过分追名逐利，以虚名镀金扩大企业知名度，实则忽视企业产品和服务——企业立足之本的发展，实际上不是真正的、本质的"荣誉文化"。

十、大雁文化分析

大雁文化是一种具有合作特性的企业文化，头雁领航，群雁齐飞。这类企业有明确并清晰的集体目标，强调并擅长团队合作，这种合作不仅体现在企业内部，员工与员工之间相互尊重、共享资源、建立团队合作，也体现在企业与外部的其他企业形成协作关系。

具有大雁文化特征的企业通常以物质需求作为主要需求，企业在内、外组建或参与以物质需求主导的文化物联网。头雁领飞的特质意味着服务平台、管理平台、传感网络平台和对象平台均以用户平台的需求为导向，各平台目标一致、良性协作可以保证物联网高效运行。由于物联网各平台以用户平台的需求作为导向，很少进行集体决策，因此用户平台的需求方向通常会决定物联网运行的成败。

十一、奋斗文化分析

企业中的奋斗文化是指将不空想、不务虚的踏实奋斗精神作为企业的核心价值观，强调员工的拼搏、自我驱动的精神，经风雨、见世面、壮筋骨、长才干。对外，企业在行业中砥砺前行；对内，员工在工作中自强不息。

企业的奋斗文化强调为实现需求应具备实干、拼搏精神，这类企业可能会有多种文化需求，包括利公需求、利他需求、利己需求和物质需求。

奋斗文化物联网中各平台以需求实现为目标导向，行动力强，用户平台注重物联网运行效果，管理平台注重管理效能优化，对象平台恪尽职守，以各类需求主导的企业文化物联网在务实的奋斗精神的加持下运行效率较高。

十二、官僚文化分析

官僚文化是企业中常见的文化现象之一，其本质是官本位带来的自我中心主义，表现为企业文化物联网各平台将自己的主导作用最大化。官僚主义主要分为两种：一是从上至下的官僚主义，体现为用户平台的独断专行、滥用权力；二是从下至上的官僚主义，体现为对象平台依赖上级决策，凡事都向上级汇报，无法承担自身平台的职能。

具有官僚文化的企业需求可能是利公需求、利他需求、利己需求和物质需求中的一种或多种，官僚文化体现于企业实现这 4 类需求的物联网运行中。用户平台"独裁"专断，管理平台唯上是从，唯命是听，用户平台的个体需求超越了企业整体利益，对象平台的需求被忽视；而依赖上级决策，也易导致企业行政流程烦琐冗余，滋生贪腐，长此以往，则企业人心涣散，企业发展毁于一旦。官僚主义的运行方式体现了大闭环的运行思维，平台之间的小闭环运行方式以及各平台的内闭环被干预以致无法运行，整体物联网运行效率低下。

跋

在人们对企业文化的认识中,文化往往代表着企业的愿景、使命以及企业的核心价值观,表达了企业的领导者和员工共同信守的基本原则、价值标准、职业道德等。愿景和使命往往表述了企业存在的意义,价值观则体现了企业认识事物、辨别是非的思维或取向,它们一起配合企业的制度,引领企业成员的行为,助推企业良性发展。

然而,企业文化远不止人们所说的愿景、使命以及价值观等内容,因此那些仅仅提出一些文字性标语或口号的企业在文化建设中往往面临种种困境:企业盲目追求"高大上"的文化内容,照搬其他企业的文化建设体系,提出与企业实际情况不符、缺乏企业自身发展特色的使命、愿景等,导致企业文化沦为"摆设",企业上下缺失一致的信念与发展动力,从而无助于企业的发展。归根结底,企业文化建设困境产生的重要原因在于,未能清晰且完整地理解企业文化的逻辑,自然就更谈不上建设优质的企业文化。

本书以系统而客观中立的视角论述企业文化产生和运行的逻辑,指明企业文化存在的源头与基础是需求,分析企业基于现有需求可寻求的实现方式和实现方法,综合体现用户层、管理层和最终执行层(对象层)之间的交互关系,从而引领广大读者和企业从业者了解企业文化存在的价值以及如何构建合适的文化体系。但本书并不对各种需求与实现方式、方法进行优劣之区分，只留待广大读者和企业从业者参考，以便对于企业文化良性发展保持辩证思考。

在未来的发展中，企业文化建设还有许多内容等待探索，包括如何精准体现企业对社会发展的价值判断，如何满足员工多元化的精神需求，如何使企业文化具备强大的感知力、号召力和生命力，如何通过文化让企业焕发生机、具备长足的发展动力等。期待企业文化的相关理论有更多突破，与君共勉！